【文庫クセジュ】

# 唯物論

オリヴィエ・ブロック著
谷川多佳子・津崎良典訳



白水社

目次

## 第二部　通史

## 第三部　今日の唯物論

凡例

一、本書は、Olivier Bloch, *Le matérialisme* (coll. « Que sais-je ? », n° 2256, 2ème édition corrigée, PUF, Paris, 1995) の全訳である。

一、原著の引用符« »は鉤括弧「」で表わす。( ) はそのまま表示する。

一、原著のイタリック体による強調は傍点で、書名は『』で示す。

一、訳者による補足は〔〕で囲んで挿入する。適宜フランス語などの言語を示すためにも用いる。

一、本文中の［］は著者による挿入を示す。

一、原著に注は付けられていない。したがって、本書の注はすべて訳者によるものである。

一、著者が引用した文献について、日本語訳のあるものは参照し、訳注において書誌情報と頁数を必要に応じて示す。訳文は文脈に応じて適宜変更する。

一、原著に索引は付けられていない。読者の便宜のため新たに作成した。なお、アステリスクの付いている数字は、その語が当該頁の補足ないし訳注にあることを示す。

# 「唯物論」に関する私の著の日本語訳への序文

「唯物論」について、時代の変動のなかでの綜合と説明の試みを提示したこの文庫クセジュの第二版[1]の翻訳が、イタリア語訳とポルトガル語訳につづいて、日本語で刊行されるのを見ることができ、私がどれほど幸福であるか、言葉に尽くせません。

本書での探索は、術語的・歴史的・批判的であります。術語的というのは、術語に相当ないし呼応するとみなしうるものに関する探索とともに、ということであり、批判的というのは、唯物論的立場をとることが、精神を押しつぶす錯誤や欺瞞に立ち向かい、晴らしていくのを使命とすることです。歴史的というのは、たしかにあらゆる学説がそうですけれど、この立場をとることが、それが時代の流れのなかでとりうるさまざまな形姿の検討を要するからであり、さらに、諸科学とその歴史への特権的な関係によって特徴づけられているからです。そしてさらに、その行使を要する社会的・文化的機能の輪郭を、他の学説よりいっそう正しく明らかにすることを要請するように思えるからです。

---

(1) 十年前に出版された初版につづいて、一九九五年にフランスのPUFで刊行された。

一九九五年にこの書を仕上げてから二十年が経過しています。もし作り直すとするならおそらく、次のような増補をすべきでしょう。それは、こうした概念がその要請自体によって課しているものです。たとえば、この二十年来になされた、宇宙の探求において獲得されたこと、生命体の探求において起源と呼ばれるようになったもの、人間という宇宙において探求されたそれらの作動と進化。そして認知科学が今日《こんにち》大きく話題にのぼらせている必要諸学。こうしたことについては、しかるべき時、必要と思われる増補をそちらの側から実現することを、日本の読者の慧眼に委ねたいと思います。

たしかに私は日本語ができませんし、当然ではあります。私には、今は亡きモーリス・パンゲという親しい同級生があり、一九四〇年代末からの友でした。日本についての手ほどきをしてくれて、フランスにおいてそうした好みを育ててくれたのは、彼のおかげです。彼は同時に日本において、日仏両国の文化協力に重要な貢献をしていました。東京でです。長年にわたって日仏学院を導き、それから大学の先生になりました。したがって、間接的にですが全体として、私の著作の翻訳者、谷川多佳子先生と津崎良典先生によって仕上げられた仕事は、彼のおかげであるような気持ちです。お二人は筑波大学での教職をにない、津崎先生が谷川先生のお仕事を引き継いでいると承っています。

私に日本語が読めなくても、お二人の翻訳の精確さと質とを確信するしっかりした理由があります。谷川さんとは長きにわたる知己で通信をし、四半世紀にわたり仕事をともにしています。彼女の多くのパリ滞在時には私が学問的にもお世話をし、また私が二〇〇一年十月に日本に赴いた折には、筑波、大阪、名古屋での講演を準備していただきました。彼女はパリ・ソルボンヌで、私の先生の一人でもあった故イヴォン・ベラヴァル教授の指導で《デカルトにおける理性の限界と境界》という博士論文を提出し、日本に戻って、デカルトやライプニッツ、十七世紀の哲学について、専門的に、教育と研究に携わってきました。

津崎良典さんも、フランスにおいては学生、研究者であり、ソルボンヌでフランス哲学史の学位を取得しました。学位論文は《デカルトによる修練の哲学——その方法論、人間論、そして道徳論》で、パリ第一大学で私の同僚ドニ・カンブシュネル教授の指導をうけ、二〇一〇年に学位を取得しました。私はさらに次のことで、この翻訳で彼がテクストに寄与してくれたすばらしい質を確信しました。昨年夏、この本のかなりの章句について、その構成や意味を確かめるために私に質問を重ねたのですが、その精確さと適切さによって、そして彼のフランス語の申し分なさによってです。それは、二〇一四年の八月の彼の短い訪問のときに私が実感したものです。彼はサン・ティにある私の別荘にわざわざ赴いてくれて、私の回答を取りまとめ、そして私をさらなる洗練へと導いてくれたのです。どれほど彼に感謝していることか、ここで申し上げたいと思います。

サン・ティにて、二〇一五年八月二十九日

オリヴィエ・ブロック

# 第一部　方法の問題

# 第一章　術語と概念

哲学をすることは、「……論〔主義〕《イスム》」ならびに「……論者〔主義者〕《イスト》」という術語を使うことと表裏一体の関係にあるとみなされがちである。しかし、実際はそのような関係にない。なぜならこのような言葉遣いは、たかだか古典主義時代〔フランス史において十七世紀後半を指す〕に始まったものにすぎないからだ。「……論者」と「……論」という接尾辞はそもそも或る人物やその所作を示すものだったが、最終的には偉大な人物の模倣者あるいは支持者、この人物がとった立場、さらには宗教的信条の信奉者、この信条そのものを示すようになった。そして、この接尾辞が或る抽象名詞に結びつけられたり、あるいは往々にして、この名詞から派生した形容詞に結びつけられたりするという用法が広まったのは、せいぜい十七世紀になってからのことなのである。それは、この用法のおかげで概念化された実質に賛同の意を表するためであった〔具体的には、個人主義者と個人主義、合理主義者と合理主義、人文主義者と人文主義〕。

「唯物論《マテリアリスム》」という術語もこのような用法と無縁ではない。どちらかといえば新しい術語だが、それでもはるか以前から存在している学説を形容するために用いられる。しかし、このような遡及的な用い方に何ら問題がないわけではない。或る思想家が一度も使ったことがないばかりか、その意味を理解することさえないような術語を、その思想を記述するために使うというのは、どの程度まで可能なことなのだろうか。近代の思考体系のなかで、それとともに、そしてそのために成立した言葉を、近代以前の思考体系に転用するというのは、この言葉の意味を歪《ゆが》めることなしにどの程度まで可能なことなのだろうか。このような問題は、哲学の歴史記述《イストリオグラフィ》をめぐるあらゆる疑問の核心に位置する。それでもあえて言うならば、このような術語の遡及的な転用は避けて通れないし、また、それ自体が相互に断絶した言説の羅列に変貌してしまう危険を孕《はら》んだ哲学史において、哲学の一体性が損なわれないのであれば、この転用を禁ずることもできないだろう。むろん、実際に転用するときは慎重であるに越したことはないが。だからなおさらのこと「唯物論者《マテリアリスト》」と「唯物論」という術語が登場したときの状況に、さらには、この概念が含意しているところとその使用の動機について、この状況から教えられることに、まずは注目しなければならないのだ。

## I　三冊の対話編

対話形式で書かれた三冊の哲学的著作、つまり、ジョージ・バークリ『ハイラスとフィロナスの対話』、ヘンリー・モア『神に関する対話〔*Divine dialogues*〕』、そしてプラトン『ソピステス』に一瞥をくれてみれば、唯物論という概念が意図しているところが――この術語が用いられている場合と同様に用いられていない場合も――私たちに明らかにされるだろう。

バークリの『対話』（一七一三年）そのものは、三つの対話から構成されており、フィロナスという登場人物がハイラスという登場人物の主張を攻撃している。ハイラスによれば、精神から独立した〔それ自体は〕知覚することのできない物質的な実体が、精神によって知覚される可感的な実在《レアリテ》の基体として存在するという。これは近代の哲学者たち、つまりデカルトといった機械論者ならびにロックといった経験論者の提示した主張に他ならない。そしてこの主張こそが、この対話編の著者バークリを代弁するフィロナスによって「物質主義的《マテリアリスト》」と形容されるのである。しかもこの主張に反発するフィロナスは、「物質《マチエール》」という概念が無益であること、あるいはむしろこの概念には意味がないことに鑑みて、みずからの「非物質主義《イマテリアリスム》」を提示する。言い換えるなら、物質の存在をまさしく否定する見解を提示するのである。それによれば、可感的事物の実在性《レアリテ》〔意識とは独立に、事物ないし事象としてあるあり方を意味する認識論的概念〕は、その「知覚されている」ということに帰着するのであり、最も基本的な実在は、知覚している存在物《エットル》、つまり人間という有限な存在の精神であるし、より根本的には、神的存在だということになる。ここで注記すべきは、物質主義者〔唯物論者〕-物質主義〔唯物論〕、さらに非物質主義者〔非唯物論者〕-非物質主義〔非唯物論〕という術語そのものが用いられるのは第三対話だけであり、しかも、バークリを代弁するフィロナスはようやくこの対話で、神学者と哲学者が提示する伝統的な学説に対してみずからの主張を証明し、かつ、明示するに至るということである。つまり第三対話の文脈は理論的かつ専門的なものであり、そこでこそこのような術語はおのずとその所を得ることになるのだ。第二に注記すべきは、「イマテリアリスム」という術語が「イデアリスム〔観念論〕」という術語のかわりとして使われていることだ。「イデアリスム」という術語は、バークリの『対話』が出版される以前からすでに観念の優位性あるいは排他性を示すために使われていた。それに対して〔バークリの著作において」「マテリアリスム」という術語は、物質の優位性あるいはその排他的な実在性の肯定という意味ではなく、「物質というものが存在することに対する信念」という意味で理解されている。これらの〔イデアリスムという術語で観念の優位を、マテリアリスムという術語で物質の優位を、それぞれ意味する〕用語法のほうが先行していることは、フランス語で書かれた著作のなかに確認できる。それはライプニッツが一七〇二年に執筆した有名な著作『ベールの思索に対する応答〔*Répliques aux réflexions de Bayle*〕』〔ピエール・ベールの『歴史批評辞典』第二版に関する書評のこと〕のなかで、自分の学説は「最も偉大な唯物論者《マテリアリスト》と観念論者《イデアリスト》のなかでも、エピクロスとプラトンが提示した仮説の良質なところ」を結びつけたものだと明言しているとおりである。したがって、このように術語の意味を別の意味に転じたりずらしたりすることは、或る術語について確立された使用法に対する一つの反発であり、さらに、バークリの言葉遣いの特徴にもなっているのだが、このことをバークリの哲学的な意図と分けて考えることはできない。ただし、バークリが暗々裏に反対している使用法は、ライプニッツの使用法というよりは、むしろバークリに先立つ幾人かの英国人のそれであることは指摘しておかなければならない。

というのもバークリが執筆した対話編は、「ケンブリッジのプラトン主義者たち」からなる学派の傑出した一員であったヘンリー・モアによって、半世紀以前にやはり対話の形式で執筆された著作に着想をえたことが明らかにされているからだ。

なるほどモアの『神に関する対話』（一六六八年）においては、まさしく冒頭から唯物論者という術語が使われている。本文に入る前に登場人物の紹介がなされているが、彼らの名前はギリシア語から合成されているため、そこから各自の性格を推測することができるだろう。つまり「常識人」たるソフロン〔Sophron〕、「考えることのほとんどない」キュフォフロン〔Cuphophron〕、そしてバテュヌス〔Bathynous〕（「深遠な精神を備えた」）のかたわらに、ヒュロバレス〔Hylobares〕（「物質で重くなった」）が「才気に富み、また、素行の良い、唯物論者の若者」として紹介されている。バークリがこの著作に範をとったことは、登場人物にどのように名前を付けるか、という点に加えて、対話をどのように展開するか、という点からも明らかである。「精神の友人」であるフィロナス〔Philonous〕が「物質的なもの」を体現するハイラス〔Hylas〕を論駁するように、良識を持ったソフロンと深遠な精神を備えたバテュヌスが、物質で重くなったヒュロバレスを悔悛させるように対話は展開するからだ。そしてモアは、ヒュロバレスを「唯物論者《マテリアリスト》」と形容することで、私たちにはまったく違和感のない意味をこの術語に付与しているのである。『神に関する対話』の冒頭でキュフォフロンが若きヒュロバレスの到着を告げたとき、ソフロンはキュフォフロンにこの若者がどのような人物であるかを問う――まさかこの若者は「この世界には物体《コール》あるいは物質《マチエール》でないものは何も存在しない、それ自体の本性から公正あるいは不当といわれるものは何も存在しない、あらゆる快楽はまた真正なものでもある」という主張のためにひどく難じられている人物ではあるまいか、と。好ましからぬ人物、手に負えぬ人物――モアがこの登場人物のうちにホッブズをみていることは疑いえない。キュフォフロンはソフロンを安心させる――あの厄介な背徳者ではない、むしろきわめて感じのよい性格の持ち主、「唯物論者であると同様に、その厳正さとその生活の質素さからして立派な道徳家」でもある、と。対話を読みつぐとヒュロバレスはデカルト主義者であるとわかるのだが、その唯物論は、物質界のあらゆるものはただ運動法則の作用から生成すると考えることに限定されている。このような主張に対してヒュロバレスの対話者たちは、宇宙には目的が存在しており、さらにこの目的によって「種子的理性[1]」なるものが顕現し、また、この「種子的理性」によって神的な摂理が証左されるという反論を提示する。しかもヒュロバレスは、世界には最善の意志が働いているということを説き聞かされるままである……。

一六六六年から執筆されたこの著作は、おそらく初めて近代的な意味でマテリアリストという言葉を用いたが、それはこの言葉が実際にそのように使われるようになってからすぐのことであるに違いない。というのはその後もこの術語は、モアとは関係のない別の仕方で、古風な意味で使われているからだ。ロバート・ボイルは「機械論的仮説の卓越性と諸根拠について」（一六七四年）という論文のなかで、自然のさまざまなプロセスは運動に言及せずとも質料《マチエール》のさまざまな性質だけで説明されると主張する知識人を「マテリアリスト」と形容している。また、これに近しい理解を示したものとして、ヘンリー・モアの友人であったレイフ・カドワースは、一六七八年にその著作『宇宙の真なる知的体系』のなかで、「マテリエルな」原因〔質料因〕のみを認め、それ以外の三つの原因――形相因、作用因、そして目的因――を排除したとアリストテレスが伝える〔古代ギリシアの〕イオニア地方出身の「自然学者たち」を「マテリアリスト」と形容している。これらのテクストでは「マテリアリスト」という術語が質料と形相の対比を念頭において理解されているため、時代遅れの様相を呈し、モアの使用法との対照が際立つ。したがってモアの使用法は、その後の使用法の出

（1）モアによれば魂には四種類あり、低次なものから順番に列挙すれば、「種子的理性」「動物の魂」「人間の魂」「天使の魂〔精神〕」となる。あらゆる有機物のうちにあるのが「種子的理性」である。モアは、これを形成力（plastic powers）とも呼ぶが、有機物のなかでこれだけを有するのは植物である。この形成力は、機械的に組織された質料に働きかけることで、栄養摂取、成長、また、種子からの発生などを可能にする。

発点だと考えられるわけだ。使用法の揺れがこのように認められるということ自体、ここで考察している術語を洗練させる作業が一六六〇年代に位置づけられるべきだということの証左を示すのである。

しかし、これらのテクストで示される諸概念を持ち出すには、はるか以前の時代を参照しなければならない。そしてこの点についてもまた、模倣ということはほとんど疑いえない。つまりモアによって、常識人――神、普遍的〔宇宙的〕な精神と秩序の擁護者――、ならびにこの人たちに反論する唯物論者とのあいだに敷かれる対立軸、さらにこの唯物論者のなかでも、名前を伏せられ〔innomé〕、言語道断〔innommable〕とされるホッブズ、ならびに善良なヒュロバレスとのあいだに敷かれる対立軸は、モアが師として仰ぐプラトンによって紀元前三六五年頃に執筆された対話編『ソピステス』のなかで最も有名な一節が組み立てられるときの対立軸でもあるのだ。『ソピステス』の当該箇所（246a 頁以降）では、存在《エットル》を定義するという問題の難しさを描出するために、物体つまり手応えと手触りを与えるものにしか存在するということを認めない、大地から生まれた種族と、(2) 知性によって把握できる非物体的な形相しか実在的なものと受け容れない、形相の友である人たちとのあいだに永遠に繰り広げられる「巨人族の闘い」の争点として、この問題が提示されている。そしてプラトンは、両陣営に都合がよいと思われる定義（「存在するものとは、働きかけたり、働きかけられたりする機能が備わったものである」(3)）を提示するために、正義や知恵の存在と同様に魂の存在を否定することを、あるいは、それらは物体にすぎないと単純化することを躊躇《ためら》わない、大地から生まれた息子たちの系譜に連なる実在の人物を、不可視で非物質的なものが自立的な仕方で存在していることを認める穏健な架空の人物を想定したうえで、このような架空の人物と対立させている。そして、この架空の人物こそが善良な唯物論者であり、その後の対話はこの人物とつづけられることになる……。

この一節を解釈するさいの困難がどのようなものであれ、また、プラトンが「形相の友である人たち」に対して示した留保がどのようなものであれ、それでもプラトンがこの闘いにおいて「形相の友である人たち」の側に立っており、また、大地から生まれた息子たちが伝統によれば「唯物論者」とみなされる特定の哲学者たち——原子論者、そしておそらくそれ以外の哲学者——の見解を示しているはずだ、ということは明らかである。

このように、根本的に対立した二つの思潮を対照させることを哲学的論争の骨組みの一つとすることは、少なくともプラトンにまでさかのぼる。そしてプラトンからつづくこの系譜は、ようやく十七世紀末になって「唯物論者」と「観念論者」という術語で二つの思潮を名指すようになるのだ。

しかし、ここで手がかりとして取り上げた三つの対話形式による著作は、一貫して〔この二つの思潮が〕対照させられてきたことの証拠になる一方で、それ自体は対話に全然なっていなかった、ということもまた示唆している……。

（2）ギリシア神話によれば、テバイの創建者カドモスが退治した竜の歯を地に蒔いたところ、そこから戦士が生まれたという。『ソピステス』のなかでは、すべてを地上に引きずり下ろす（246a）といわれた唯物論者のなかでも、強硬派を指す。

（3）藤沢令夫訳、田中美知太郎・藤沢令夫監修『プラトン全集』第三巻所収、岩波書店、一九七六年、九九－一〇〇頁（訳文改変）。

## II　耳を貸さない者たちの対話

唯物論は初めからそれ以外の言説《ディスクール》の支配下におかれてきたように思われる。しかも、幾つかの段階に分けて前述してきた論争によって教えられるのは、唯物論の主張よりもむしろその対立者の主張のほうではないだろうか。

そもそも唯物論者とか唯物論というのは、少なくともこの言葉が存在するときは論敵のほうがそう呼称するのであって、今日《こんにち》そのように呼称されている人や考えは、この言葉が存在する以前はまさしくプラトンといった論敵により別の仕方で命名されていた。このような命名行為はいずれの場合も論敵のほうがするのであり、そのさいには耳障りな言葉が用いられる。たとえば、プラトンが大地から生まれた息子たちについて論じた箇所でそうしたように、あるいは、モアが名前すら持ち出さなかったホッブズについてそうしたように。さらにはバークリがハイラスの立場は根拠薄弱で支離滅裂、本質的にいって無意味なものであることを示そうとしてそうしたように、論証《ディアレクティック》に依拠しながらこのような命名行為がなされることもある。

ついで論争の文体に関していうなら、論敵として命名されたほうの見解〔つまり唯物論者とか唯物論に相当する見解〕は、多かれ少なかれ微妙な仕方ではあるが、歪曲と改変を被ることになる。こうしてプラトンとモアは、正真正銘の唯物論あるいは背徳的な唯物論――その主張はあまりにも破廉恥であるため議論の俎上に載ることすらない――に、思慮分別を備えた唯物論、あるいは穏健で従順な唯物論というものを対立させる。後者であれば説得するのは容易だろう、というのだ。このようなやり方は、幾つかあるやり方のなかでも、自分たちが反論できる主張を論敵のものとみなしてかかるというものだ。ひるがえってバークリがとったやり方は、意味をずらすということの一つの事例となっている。つまり「唯物論」という言葉に、バークリ自身の哲学（「非物質主義《イマテリアリスム》」）との関連で定義された、前例のない意味を新たに付与するというものだ〔こうしてバークリ哲学の枠組みでは「唯物論」は「物質主義」と解される〕。しかもバークリ哲学はそれ自体、先人たちが相手にしてきた唯物論を乗り越えるために構想されたのであった。

反対陣営のほうで、たとえばラ・メトリが十八世紀半ばにそうしたように唯物論が明白に標榜されるには、この術語が登場してから少なくとも半世紀は待たなければならない。とはいえラ・メトリの場合は特殊であって、それなりの数にのぼる思想家たちがこの呼称を引き受けるようになるのは、十九世紀になってからのことにすぎない。この時点でも多くの場合は、留保、条件、疑念、そして否認をもってなされるのだが、そのことから確認されるのは――そうする必要があるとして――、「唯物論」という術語が或る哲学の名前である以前に非難や悪口だということである……。

したがって、この術語が登場したときの状況が映し出すのは、舌戦という場面であり、この場面に唯物論はそもそも俳優としてではなく小道具として登場する。つまり、舌戦のための小道具である。そこから、唯物論という術語にはかなりの数にのぼる侮蔑的な含意《コノテーション》が押しつけられることになり、それらはずっとついてまわることになった。そして唯物論は、哲学を生業とする人々の多くにとってだけでなく、一般に受け容れられている見解にとっても、さらには、政治的言説、宗教的言説、そしてメディア全般のなかでこの一般的な見解が拡散し伝播していく過程でも、スキャンダラスな哲学と映るわけである。それは、スキャンダルというものが招来してしまう帰結までをふくめていえることである。つまり、迫害されることの多々あったこの哲学は、それに以上に非難中傷を浴びせられてきたのであり、また、舌戦を長引かせるために、そして〔そのような哲学は〕スキャンダルだと騒ぎをまき散らすために、好き勝手に歪曲されてもきたのである。なるほどこの舌戦の過程で唯物論は歪曲されはしたが、他方で、唯物論のほうから或る種の変化が生まれてくることもあった。つまり、地下に潜伏するのを一度ならず余儀なくされ、しかも多くの場合は疎外された状態におかれることとで、唯物論それ自体の表現形式に影響がもたらされたのである。唯物論は少数者の哲学として、被支配者の哲学として、隷属者の哲学として、生き延びていくための二つの手段のうち一方をとって他方をすてるか、あるいは両者の中間をとるか、それをこの隷属状態のただなかで自問するようになる。一方は服従という手段である。唯物論はこの場合、支配者の思想において前提とされ、また予断とされていることから出発して、支配者の思想が用いる言葉遣いによって、否認、釈明、そして弁解という形式をとりながら、時には矛盾や混同を犯してでも自分について考え、語ることになる。他方は抵抗と挑発という手段である。唯物論の同調者をつかって自分たちの立場を誇張して面白おかしく描き出すことと引き換えに、支配者の思想とは正反対のことをし、その骨組みを転倒させ、支配者の思想が背理と虚勢であることを突きつけるというものである。

## Ⅲ　唯物論という言説

これまで本書で行なってきた術語に関する考察からは、前述したとおりの否定的な特徴に加えて、より肯定的な結論を引き出すことができる。また、唯物論的と形容される一個ないし複数個の哲学のうちに一貫して認められる事柄を幾つか取り出すこともできる。

つまり、この言葉の登場から理解されるのは、唯物論をとりまく状況とその歴史には継続と断絶といういずれも重要な事態が認められるということなのである。

継続というのは、これまで取り上げてきた事例でいえば、モアとバークリがそれぞれ展開した論争、ならびにライプニッツがエピクロスのような「最も偉大な唯物論者」とプラトンのような「最も偉大な観念論者」のうちに認めた大いなる対立――その二世紀後に、プラトンの系列とデモクリトスの系列を対比させるレーニンによってほぼ文字通り繰り返される――を、プラトンのいう大地から生まれた息子たちと形相の友である人たちの闘いに関係づける、あの連綿とつづく系譜のことである。

断絶というのは、近代哲学の誕生を用意する決定的な変化のことを指す。断絶により、さまざまな概念からなる体系とこれらの概念のあいだに認められる対立関係が根本的に再編された。ボイルとカドワースが「マテリアリスト」は、あらゆるものをマチエール〔質料〕ないしマテリアルな原因〔質料因〕だけで説明しようとする人々のことだと説明するとき、彼らは、古代の或る文脈においてこれらの言葉に付与されていた意味でそれらを用いている。つまり、「マチエール」は形相と対立関係にあり、「マテリエルな」原因は、アリストテレスが定義するそれ以外の三つの原因〔形相因、作用因、目的因〕と対立関係にあるという伝統的な存在論である。これらの対立関係は、「身体《コール》〔物体〕」と「魂《アーム》」という組み合わせに帰着するわけではない。なぜなら、「身体」と「魂」という組み合わせは、せいぜい質料と形相という組み合わせの特殊例にすぎないからだ。私たちは〔ボイルとカドワースとは〕反対にモアとともに近代哲学の文脈に立つわけだが、この哲学は、とりわけデカルト的な機械論によって切り開かれ、そこでは、延長を基点に定義されるか、あるいは延長と同一視されるか、いずれにしてもそれ以降は「物体〔身体〕」が還元されるところの物質《マチエール》が、思考《パンセ》によって定義されるか、あるいは思考と同一視される精神《エスプリ》と対立関係を取り結ぶことになる。「唯物論」が曖昧で周縁に追いやられた言葉として、どこか落ち着きの悪いものにとどまるのではなく、厳密な意義を有するようになるのは、まさしくこの文脈においてである。したがって、「唯物論」という言葉が誕生したからといってこの種の思想の出生証明書が必ず発行されるわけではないとしたら、それは、この思想に明晰さと確実さ――この思想がその後に発展するための条件をなす――を新たに付与する哲学上の転換とこの言葉が密接に結びついているからである。

しかしながら〔このような断絶にもかかわらず〕、唯物論的な伝統のうちには一貫して認められる事柄があり、そこから分析を始めれば、唯物論という総体について論じることができる、ということをまずは強調しておこう。

そこできわめて表層的なところから出発するなら、いつの時代も唯物論者が互いに自分たちをそうと認識し、そして他から見分けるための、彼らに共通する一揃いの身ぶりというものがあって、それを歴史のなかに見つけだすことができる。最も特徴的な身ぶりの一つは、唯物論者の笑いだろう。つまり、笑うデモクリトスが泣くヘラクレイトスに対比させられるという古代の型通りのイメージに始まり、ヘーゲルのきわめて観念論的な文言についてレーニンが『哲学ノート』のなかで「はっはっ!!」と書いただけの笑い(4)に至るまで、さらに列挙するなら、エピクロス主義の哲学者メトロドロスが大物議員に放った嘲弄――実際は縛りの強い慣わしから敬意を示さなければならないはず――、幽霊の存在を確信する文通相手に宛てた返信のなかでスピノザが示した軽妙な皮肉、十八世紀の唯物論者が宗教に対して示したより手厳しい皮肉、マルクスとエンゲルスが青年ヘーゲル学派の気まぐれに対して挑んだ才気みなぎる論戦などである。

より哲学的な観点からいえば、唯物論というまとまりは、参照や言及あるいは取捨・選択によって結ばれるさまざまな絆として現われる。つまり、それぞれの着想のあいだには隔たりがあり、それらは相容れないにもかかわらず、テクストとその書き手が相互に参照し合うということだ。たとえば、古代原子論が参照され——原子論者では全然ないスピノザのような哲学者でさえ、前段落で言及したフーゴー・ボクセルに宛てた書簡のなかでそうした——、ついで、古代原子論に取って代わるかあるいはそれと結びつくか、いずれにせよ十八世紀の唯物論者たちが参照されるというように。一つの同じ潮流に帰属しているという意識は、前述した身ぶりの共有と同様に、このような参照や言及によっても表現されるのだ。

この帰属意識は、そもそも批判的なものである。唯物論者の笑いは、迷妄を打破する人のそれであり、一般に流布している信念、誤認、そして予断を非難し、呪術師、神秘家、または体系の構築者による空想、駄弁、ならびに愚論を暴露する。唯物論者が自分たちのあいだで結託しているとすれば、この結託は、魔術師、神秘家、あるいは体系の構築者に抗いつつ、〔或る一つの集団に帰属しているという〕共同体意識にではなく、せめて明晰かつ理性的〔合理的〕な意識に恃もうとして、この幻惑的な事柄のいずれからも解放された精神を一

（4）レーニンの「ヘーゲル『論理学』にかんするノート」を収録する『哲学ノート』上巻（松村一人訳、岩波文庫、一九七五年、一四五頁）では、「論理学においては、理念が「自然の創造者となる」」というヘーゲルの考えに対して「はっはっ!!」とだけ書き留められている。

つにまとめあげるようなものである。それゆえ唯物論はつねに革命的であるわけではないが（政治的かつ社会的な主題についていえば、体制維持的な唯物論はここでの例外ですらない〔つまり端的にいって革命的でない〕）、一般に認められた観念を転覆し、これを弱体化させるという特徴をつねに有することになる。唯物論的な伝統のうちに一貫して批判的検討が見いだされるということの根拠は、とりわけ宗教的または哲学的な種類の観念論的位階構造に対抗するために大量の論拠が動員されるというところに求められる。最も有名なのは、物質的世界の創造者あるいは建設者にして純粋なる精神として神を理解すること、ならびに、人間のうちに身体から独立し、かつ、身体より優位に立つ精神的原理を想定すること、これらを照準とする論拠である。この点については、ルクレティウスの『事物の本性について』という詩編（本書第二部・第一章・第四節の一〔七二–七七頁〕を参照せよ）が好例である。いずれにせよ、つねに新たな姿をみせる論敵と対峙する主人公にはさまざまなタイプがいるが、彼らの持ち出す論拠と主張は互いに似通っているということが、唯物論が私たちにその姿を最初にみせたときの状況が論争的なものであることを正当化し、また、哲学的論争を「唯物論」と「観念論」の途切れることのない対決として提示するうえでお決まりの表現が用いられるのを正当化するのである。しかしこのような対決は、論拠というものに加えて最低限の数からなる概念的な規定も前提にしている。

したがって、もし唯物論という観念を一個あるいは複数個の恒常的な特徴または概念上の基調によって正当化しなければならないとしたら、この術語に与えられうる最も一般的な意味は、マルクス主義者がこの術語を用いるときのそれだということになる。マルクス主義者は、「唯物論」を「観念論」に対立させるが、両者はともに、思考と存在の関係あるいは精神と自然の関係という哲学上の中心問題に関して示される根源的な立場だという。そして唯物論によれば「世界の現実の統一性はそれの物質性にある」[5]（エンゲルス『反デューリング論』第一篇四〔世界図式論〕）。つまり、観念論とは反対に、思考に対する存在物《エットル》の優位を、精神に対する物質ないし自然の優位を肯定し（エンゲルス『フォイエルバッハ論』二）、自然について唯物論的な理解――それは「ありのままに示される自然について、夾雑物をふくめることなく、単純に把握することに他ならない」（エンゲルス『フォイエルバッハ論』からの抜粋）――を提示するものである。

このような言い回しは幾つかの問題を解決するが、それと同時に同じくらいの問題を提起する。ここで前提とされている「物質」という概念は曖昧で、さらに不明瞭であると非難されることが多々あるからだ。その結果、前段落のように述べるよりは、唯物論を唯心論《スピリチュアリスム》に対立させ、そして観念論を実在論《レアリスム》に対立させることが好まれるようになる。

このような批判については、次のように応答できるだろう。まず何よりも、哲学上の最も根源的な概念は、特定の意味内容をもっては定義しえず、ただ、一揃いのさまざまな概念とこの根源的な概念とが取り結ぶ機能的な連関によって、そしてまさしくさまざまな対立関係が打ち立てる体系――そこでは個々の術語は、それ以外の術語との関係のもとでしか意味をなさない――によって定義しうるのみだ、と。この観点からすれば、「物質」とは、思考あるいは精神に対立するもののことであり、あらゆる「思考」から独立したものとして理解された「存在物《エットル》」のことである。そして、「思考」という術語の場合と同様に、学問的知識と理論構築の有り様に応じて「物質」という術語にどのような意味内容がこめられようと、この術語が意味をなす

（5）大内兵衛・細川嘉六監訳『マルクス＝エンゲルス全集』第二〇巻所収、大月書店、一九六八年、四三頁。

のはまさしくこの対立関係においてなのである。

なるほど、物質と思考という組み合わせがその姿を現わす諸概念の体系はそれ自体、古典主義時代に獲得されたものであることは確認したとおりである。この観点からすれば、唯物論は「ありのままに示される」自然について「夾雑物をふくめることなく」把握することだとする言い回しをいっさいの留保なしに受け容れることはできない。というのも、夾雑物をふくまない自然という観念それ自体は思考によって、ということはまさしく哲学によって、時代がくだってから獲得されたものだからだ。したがって、唯物論、観念論、ならびに両者の対立関係という概念さえも、これを使おうとするなら節度をもってということになる。ようするに、ここで問題となっている概念に相当する概念を用いる他のさまざまな種類の思想つまり哲学に取り組もうとして、唯物論、観念論、ならびに両者の対立関係という概念を過去にさかのぼって使用することが正当化されるとしても、そのことには代償が伴うのだ。時代ないし文化によって設定される何らかの境界線のこちら側で、またはその向こう側で、唯物論あるいは観念論について論じることには問題点が多いということになってしまうのである。

それでもこの境界線の範囲内で唯物論を観念論と対比させることは、この術語が登場したときの歴史的状況とこの術語の最も包括的な意味に適っている。この二つの術語が登場したのはまさにほぼ同時期のことであり、すでにライプニッツによって相互に対立するものとして提示されているとおりだ。ライプニッツが書いていたように、プラトンの観念論とはより精確にいうなら、アリストテレス的に解されたマチエール〔質料のこと〕に依然として対立する知性的実在《レアリテ》つまり「形相」ないし「観念」に関する理論のことを意味し、デカルトとロックの哲学（その当時「観念主義《イディスム》」と命名された）を念頭においたうえで、人間が抱く観念にあらゆる事物ないし認識可能なあらゆる事物を帰着させることとしてライプニッツの時代に理解され始めた学説のことを意味していたのではない、というのは確かだ。しかし、この観念論という術語の登場が際立っているのは、それが二つの意味を結びつける紐帯として機能したからに他ならない。すなわち一方で、のちに主観的観念論（根源的な実在は思考する精神であり、対象として存在するものは思考にとっての対象だけである）と命名されるものである。他方で、客観的観念論（至高の実在は、観念的なもの〔理念的なもの（idéalité）〕である、つまり思考にとっての対象は、これについて思考する思考〔精神のこと〕よりも根源的である）と命名されるものである。そして、唯物論と唯心論《スピリチュアリスム》を対比させ、実在論《レアリスム》と観念論を対比させる用法が出てきたのは、〔唯物論と観念論の対比とは〕反対に、はるかに時代がくだってからのことである。哲学において唯心論という言葉が、あらゆる実在を或る一つの精神的原理に帰着させる形而上学のことを第一義的に表わすために、十七世紀末よりも前に登場することはほとんどない。さらに、事物の「実体」について形而上学的には二通りの解釈が可能であるということを示すために、唯物論と唯心論が対比されるようになるのは、十九世紀以降のことである。実在論と観念論を対比させることについては、「外的世界の実在性《レアリテ》」をめぐる問いには二通りの答え方があるということを言うために同時代に生じた。このような新しい用法は、実在界における実体に関する形而上学的な問題、そして認識論に関する問題――つまり外的世界の実在性に関する認識論上の問題――という二つの問題の区別を前提にしているが、〔いずれにしても〕それは、限定的なものであり、しかも、いつ頃に始まったかを確定することができる。しかも、「形而上学的な」問いの排除を伴う実証主義《ポジティヴィスム》と密接に関連する文脈と同様に、カント主義のなかでも最も「観念論的な」解釈とやはり密接に関連する文脈にも位置づけられる。用法としては限定的なものであり、また、時代がくだってからのものであるということ、それはおそらく〔ここで問題となっている術語についてすでに確立された用法に対する〕反発なのであって、かつてバークリが〔その当時は〕異様に思われた意味を「マテリアリスム」という術語にこめたときと同様のことである。

術語に関する問いにはそれ自体の限界があり、或る一つの語彙が選択されるかどうかは結局のところ合意による。しかし、選択と合意のために物事がいっそう判明になったり、そうでなくなったりすることがある。もし唯物論に関して大まかな定義で済ませるほうが、この術語に対して前述したような限定的かつ反発的な仕方で受容するよりも好ましいと私たちに映るのであれば、それは、哲学的な観点と同様に歴史的な観点からいって前者のほうに長所があるためである。唯物論を大まかに定義づけることによって、この概念には、いっそう多くの学説、立場、そして主張を包含するより根源的な広がりが与えられるだけでなく、まさにこれにより、哲学的論争におけるさまざまな系譜の継続性と論点の一貫性を尊重しながら思想史についていっそう深く理解することが可能になるのである。

もし前述してきたことが唯物論という観念に与えるべき意味だと思われるなら、唯物論がさまざまな特徴のなかでも次のような特徴を有していることが理解されるだろう――神的な精神、人間的な精神、あるいはそれ以外のものが有する思考であれ、客観的あるいは客観化された思考、つまり、物質に対して異他的および／または卓越的な性質を持った形相あるいは観念であれ、何らかのかたちで思考の管轄のもとにおかれた、構造化ないし組織化のための原理を、実在的なものに関する理解のうちに取り込むのを拒みつづけること、これである。したがって、自然における目的と宇宙における秩序という観念が一貫して批判的考察の俎上に載せられる。このような観念は、人間の行為と技術に固有なものとして認められるさまざまな特徴を自然のうちに誤って転移したり投影したりすることとみなされるのだ。この点に関していうならおそらく、ルクレティウスが観念というものに異議を申し立てるために持ち出した、あらゆる可能な形象のなかでも最少の原子しか存在しないという論拠ほどに唯物論的な深みに達した指摘はないだろう。実際にルクレティウスは、「原子は自然によって作られたものであり、人の手によりただ一つの定まった型にならって作られたものではないのだから、そのあるものは互いに相似ぬ形をもってとびまわっているに違いない」（『事物の本性について』第二巻三七八行から三八〇行[6]）と書いているからだ。さらに〔唯物論の〕論敵のほうに目をやるなら、ライプニッツには〔観念論者として通用している〕デカルトの物言い（『哲学の原理』第三部四七節）のうちに唯物論的な原理を見てとる理由が十分にあった。デカルトは「物質は、それのとりうるあらゆる形状を、つぎつぎにとる[7]」と述べているからだ。唯物論は、秩序に抗う無秩序の哲学として定義されうるのではなく、あるいは、秩序よりも根源的なものとしてとらえられうるのでもない。唯物論が本当に含意しているのは、このような〔秩序とか無秩序とか深遠さといった〕概念を、実在の内部において絶対的な意義を有するものとしてみなすのを拒むことなのである。取捨弁別、位階構造、あるいは価値付与といった諸原理を存在物《エットル》のうちに取り込むのを拒むこと、そうすることで、オーギュスト・コントが唯物論的な説明のことを「低次なもの〔物質〕による高次なもの〔精神〕の説明」と特徴づけるために用いたこの表現が正当化されるわけではないにしても、これについての説明は与えられることになる。というのも、「高次なもの」と「低次なもの」という概念を

（6）藤沢令夫・岩田義一ほか訳『ウェルギリウス／ルクレティウス』、『世界古典文学全集』第二一巻所収、筑摩書房、一九六五年、三二〇頁〔訳文改変〕。

（7）井上庄七ほか訳『哲学の原理』、朝日出版社、一九八八年、一二二頁。

適切な場所に——つまり、実在それ自体のほうにではなく思考のほうに——差し戻すことは、まさしく唯物論の領分だからだ〔つまり、これらの概念は思考の産物にすぎないと唯物論は指摘するのだ〕。
いずれにせよ、本節でみたように唯物論という術語に与えられた意味の一般性は、さまざまな見解を包含せずにはおかないということは最後に繰り返しておこう。

## Ⅳ 単一の唯物論から複数の唯物論へ

もし唯物論を思考に対する存在物《エットル》（物質）の優位を主張するものとして定義するなら、ここでいう優位とはどのようなことを意味するのだろうか。最も極端な答え方は、この優位とは排他性あるいは排他主義のことであるとするものだ。つまり、厳密な意味で解された物質の他にはいっさいの実在が否定されるのである。心理学上の問題に関していえば、意識〔といった命題的態度〕の実在性が否定されることで「消去的な〔éliminatoire〕」唯物論(8)が定義されうるのに対して、意識の実在性は端的にいって物質的な事象（この場合は、脳内で生じた事象ということになる）に他ならないとすることで還元主義的な唯物論が定義されるだろう。また、そこまで極端な答え方をとらない唯物論もさまざまに考えられうるが、それらは、物質の優位性に満足するだけで、思考一般ならびにそのさまざまなプロセスに自立的な実在性をいっさい認めないとまでは主張しない。つまり、それらを物質的実在の産物、表現、あるいは側面とみなすのだ。このような答え方のうちには、機械論的な唯物論（思考は、人という「機械」のさまざまな作用が示す一側面である）、付帯現象説的な唯物論（思考は、物質的プロセスの単なる結果あるいは反映であって、その反対に思考が物質的プロセスに作用することはない〔一方は他方の所産であって、その逆はない〕)、創発主義的[9]ないし進化主義的な唯物論(思考は、それ自体は自立的に作用する実在であるが、物質的プロセスの一連の進化の終極に出現する)、あるいは弁証法的な唯物論(ここでいわれる進化や作用というものについて思考するには、むしろ弁証法によって規定される形式に依拠しなければならない)といった形態がふくまれる。

唯物論を定義するときの術語と概念、唯物論と対立する見解、唯物論が対象とする実在、そして唯物論が構想されるときの形式、それらが多様であるため、その他の部分でも多様化が生ずる。実在するもののあれこれの領野と学問のあれこれの領野に限定される唯物論を領域的なそれとして定義できるなら、たとえば、世界はあらゆる思考から全面的に独立しているとみなす唯物論は、物理的あるいは宇宙論的だといえる。また、物質的な性質が認められるのは生物と生命についてだけだとすれば、それは生物学的な唯物論になる。個人の行動と意識が問題にされるのであれば、心理学的な唯物論になるし、物質的プロセスの運動によって説明したいのは人間社会の変動のほうだとすれば、史的唯物論になる——しかも「史的唯物論」とは、まず

(8) 心理学が心的活動について与える説明は科学に取り込まれ、「素朴心理学」が「科学的心理学(神経科学)」へと自然化されることによって消去されるとする立場。ポール・ファイヤアーベント、リチャード・ローティによって主張された。現代の代表的な論客は、パトリシア・チャーチランド、ポール・チャーチランドである。
(9) 心は脳という物質とその神経作用から「創発」する。「創発」とは単純なものが複数集まって、単純なものにはない高度な性質を生み出すことである。

何よりも歴史という総体に関する唯物論的な表象のことである。ところで、唯物論がどの分野に適用されるかに応じて、唯物論それ自体についてなされる理解には何がもたらされるかを見てみよう。ここで援用されている「物質《マチエール》」という言葉は、生命体について論じるか経済的生産活動の進行過程について論じるかでは異なり、また、それらを対象とする学知はそれぞれに特殊な概念モデルを導入する。たとえば、古典的な機械論が整備され、十七世紀の哲学者たちの考察対象にふくめられたことで成立した、一つないし幾つかの機械論的唯物論は、物理学、生物学、そして歴史学の〔その後の〕発展を考慮に入れなければならない――「弁証法的唯物論」はそうしていると主張するだろう――さまざまな唯物論とは非常に異なる。領域的な唯物論の多様性、そのことから帰結する、物質という言葉の多様性、領域的な唯物論が結果的に伴う概念モデルの多様性に加えて、系譜の多様性――さまざまな系譜が歴史の同時期に共存し、さらにそれぞれの系譜のなかで〔他の系譜が〕共存することさえある――も入ってくる。こうして、機械論者の唯物論には、力本説《ディナミスム》(10)的な唯物論や生気論《ヴィタリスム》(11)的な唯物論が対立し、また、原子論的な系譜に位置づけられる断絶主義者の唯物論には、それ以外の連続主義者の唯物論が対立することになる。最後に、各唯物論がそれと対立する観念論との比較によってのみ十分にとらえられるということを考慮すれば、唯物論の種類、形式、典型例は、より細かく分類しなければならない。その必要性は歴史的な検討を行なってみれば、はっきりとわかることである。

(10) 力動説ともいう。哲学的には二通りに理解される。一方は、事物の究極的な原理は、質量や運動には還元できない力であるとする立場。それは、機械論を提唱したデカルトに異論をとなえるライプニッツに特徴的である。他方は、事物の究極的な原理は、運動や生成であるとする立場。後者の場合、物質や事物は運動ないし生成の一形態もしくは一段階とされる。ベルクソンの「純粋持続」の考えが、その代表例である。ベルクソンによれば、事物は進化の過程における「根源的生命力(エラン・ヴィタール)」の一形態とみなされるからだ。

(11) 活力論ともいう。機械論に異論をとなえ、有機体の生のあり方を無機物と同一視しない立場。有機体の特殊性を生命力という原理に求める。

# 第二章　唯物論とその歴史記述

## Ⅰ　二つの古典的著作

### 1　マルクスからルヌヴィエへ、そしてヴィクトル・クーザンへ

マルクスとエンゲルスによって一八四五年に刊行された『聖家族』の有名な一節は、古典《クラシック》と呼ぶにふさわしい。それはマルクス主義を標榜する伝統において、唯物論の歴史を、そして哲学一般の歴史を記述するための模範《モデル》としてしばしば役立った。この一節とは、「フランス唯物論に対する批判的戦闘」と題された箇所(1)のことだが、マルクスはそこでブルーノ・バウアー(2)の論文を非難している。バウアーは、スピノザが十八世紀思想の批判的かつ革命的な側面と同様に、近代的観念論に帰着する形而上学的な側面を体現することから、スピノザのことを十八世紀の思想に共通する淵源として描き出したのであった。この辛辣な箇所は一八四四年末に執筆されたものだが、マルクスはそこで、フランス古典主義時代における唯物論――これをマルクスは、デカルトに代表されるフランス的淵源とロックに代表されるイギリス的淵源に結びつけている――の歴史像を、一見して十分な資料的根拠のあることがわかるような仕方で改めつつ、十八世紀の哲学史をまったく異なる観点から（「批判的歴史」に対比させられる「世俗的・大衆的歴史」）解明しようと試みている。そ

うすることでマルクスはまた、イギリスにおける唯物論史とその前史〔古代と中世〕に関する素描を提示して、〔最終的には〕十八世紀の唯物論と十九世紀の社会主義と共産主義を結びつける紐帯について結論を下している。

詳細に検討するなら、たとえこの一節が内在的な観点から興味をそそられるものであり、また、マルクスの思想の生成という観点から重要なものであるとしても、これをマルクス主義哲学に依拠した史料編纂の模範《モデル》としてみなすことはできない。この一節は、その当時の情勢に影響された論争という性格を持ったものであり、「若書き」の著作から成熟期に書かれた著作の移行期に位置づけられるため、それに固有の価値と本当の意義は史料編纂というところにはまったく求められないのだ。マルクスは、かつて師事して友人でもあったバウアーに対する意趣晴らしとして、しかも、新ヘーゲル主義者が行なったような歴史の「観念論的な」記述方法に抗って、いまだフォイエルバッハ的であったとはいえ自身の唯物論を見極めるために、すでに手中に収めていた攻撃手段に訴えることになる。その中核をなすのは、一八四二年にシャルル・ルヌヴィエが出版した『近代哲学史概要〔*Manuel de philosophie moderne*〕』に他ならない。これはルヌヴィエの第一作目となる本だが、たとえばヴィクトル・クーザンが執筆する類いの哲学史に依拠しつつも、唯物論の歴史だけに集中するものではなかった。というのもこの著作は、ルヌヴィエが一八四〇年に道徳・政治科学アカデ

(1) 大内兵衛・細川嘉六監訳『マルクス＝エンゲルス全集』第二巻所収、大月書店、一九六〇年、一三〇―一四〇頁。
(2) ドイツ出身の神学者、哲学者、歴史家。ヘーゲルの弟子。青年ヘーゲル学派の代表格。極端な無神論をとる。若きマルクスはバウアーの影響のもとでヘーゲルについて学んだ。また、早くからニーチェの思索に注目していたことでも知られる。

ミーに提出したデカルト主義に関する『論文〔*Mémoire*〕』を僅かに改変しただけのものだから。『聖家族』の当該箇所と『近代哲学史概要』を対照させてみると、マルクスはルヌヴィエの著作から、史料の大半のみならず、ルヌヴィエ自身の論述の骨格、さらにさまざまな解釈（とりわけ、クーザンがよく取り上げた、感覚論〔sensualisme〕と唯物論の結合と関連に関して）までも盗用していることが判明する。マルクスに独自なのは、『聖家族』の全体的な意図など、幾つかの表現、史料の配置、そして結論だけである。いずれにしてもこの『聖家族』の意図は、哲学史家のそれではない。また、この箇所のいわゆる史料編纂上の具体は、マルクスのものではないということも指摘しておかなければならない。このことは、マルクス自身が「世俗的・大衆的歴史」に語らせると書いていることから理解されるとおりだ。ならば、この「歴史」を「マルクス主義的な」ものとして受けとめることはなおさらできない。ありのままに受けとめなければならない。つまりこの「歴史」は、そもそも人から譲り受けた攻撃手段〔ルヌヴィエの産物〕に他ならず、しかも、異なった目的の論争において使われ、その後すぐにマルクス自身が自分のものとは認めなくなる地平に位置づけられたものなのだ。実際に『フォイエルバッハに関するテーゼ』〔一八四五年〕における幾つものテーゼが『聖家族』の論述のなかでもきわめて独創的な部類にふくめられる解釈の幾つかとは真逆のことを述べており、とりわけそれは、十八世紀フランスの唯物論の役割、価値、そして射程について当てはまることなのである（『フォイエルバッハに関するテーゼ』の第一テーゼ(3)と第三テーゼ(4)を『聖家族』の当該箇所と比較せよ）。

## 2　ランゲと唯物論の歴史

F・A・ランゲによって一八六六年に出版され、一八七三年から一八七五年にかけて出版された第二版では大規模な改変を施された『唯物論史——私たちの時代におけるその意義の批判』は、しばしば言及され、しかもそれ以上に使用されてきた本だといえるが、そのフランス語訳の刊行は一八七七年に始まった。当時の自然主義的唯物論（本書第二部・第二章・第四節の四〔一三〇―一三五頁〕を参照せよ）に対抗して付けられた副題がこの本の方向性を指し示している。ランゲ（一八二八―七五年）自身は、『労働者問題』という小著（一八六五年）のなかで定式化された穏健的社会主義——ダーウィン主義とマルサス主義に着想をえた——の伝道者として、この小著を機会にマルクスとエンゲルスと交流を持とうとしたが、彼らから寄せられたのは、この小著ならびに『唯物論史』に関する留保であり、さらには敵意ですらあった。マルクスが『資本論』のドイツ語第二版の後書きのなかで、「いまドイツの知識階級のあいだで大きな口をきき」、そして「ヘーゲルを「死んだ犬」として取り扱っている」「不愉快で不遜で無能な亜流」のことを非難したとき[5]、その念

---

（3）「これまでのあらゆる唯物論（フォイエルバッハのをもふくめて）の主要欠陥は対象、現実、感性がただ客体の、または観照の形式のもとでのみとらえられて、感性的人間的な活動、実践として、主体的にとらえられないことである。それゆえ能動的側面は、唯物論に対立して抽象的に観念論——これはもちろん現実的な感性的な活動をそのようなものとしては知らない——によって展開されることになった。フォイエルバッハは感性的な——思惟客体とは現実的に区別された——客体を欲するが、しかし彼は人間的活動そのものを対象的活動としてとらえない。それゆえ彼は『キリスト教の本質』においてただ観想的態度のみを真に人間的な態度とみなし、それにたいして、他方、実践はただそのさもしくユダヤ人的な現象形態においてのみとらえられ固定される。それゆえ彼は「革命的な」活動、「実践的に批判的な」活動の意義を理解しない」（大内兵衛・細川嘉六監訳『マルクス＝エンゲルス全集』第三巻所収、大月書店、一九六三年、三頁）。

（4）本書一三九頁訳注48を参照せよ。

（5）大内兵衛・細川嘉六監訳『マルクス＝エンゲルス全集』第二三巻第一分冊所収、大月書店、一九六五年、二三頁。

頭におかれていたのは、誰にもましてランゲのことなのであった。その敵意はマルクス主義の系譜においていっそう激しいものになったため、ベルンシュタイン[6]と「修正主義者[7]」にとっては、ランゲという人物、その著作、そしてその思想が、ランゲの死後、連隊旗として役立ったほどである。

それというのもランゲの立場は、新カント主義的であり、懐疑主義と人間学をその基調とし、ヘーゲルとヘーゲルに関係するあらゆる事柄に頑強に対立するからだ。つまり、世界は精神生理学的な「私たちの組成」を通して、かつ、それに応じて与えられるのみであり、その結果、主観〔主体〕に属しているものと客観〔客体〕に帰するものとを私たちの認識において厳密に区別することは不可能である。この観点からランゲは、カントが機械論についてそうしたように、唯物論を、学問にとって必要な、つまり、自然の現象的な〔自然それ自体にかかわるのではない〕認識にとって方法論的に有効な、しかし、自己正当化することも、意識と主観〔主体〕の組成について説明することも、さらには、道徳と芸術〔技術〕の要請に応答することも根源的には不可能な――それらは「観念論」だけがそれ以外に考えられる理論的根拠によらずに満たすことができる――立場として位置づける。このような批判的考察は、ランゲが唯物論を限定的な仕方で理解していることによる。ランゲは唯物論を一方で機械論（これだけが「純粋に物質的なマチエール〔つまり物質のこと〕に関する理解」である）と密接に関連づけ――そうすることで唯物論は、原子論を真正かつ唯一の唯物論的物理学とみなすようになる――、他方で経験論と感覚論にも密接に結びつけている。経験論は唯物論の根底にあり、唯物論は感覚論に至るのだが、そのようにいえるのは、いずれの場合においても認識という「形相《フォルム》」に対して「感覚」が「質料《マチエール》」の役割を果たすからである。同様に、実践の領域では「倫理的唯物論」が功利主義と同一視され、そこではさまざまな行為の「動機《マチエール》」が、〔それぞれの〕行為の「形態《フォルム》」を下支えする情動《エモシオン》と傾動として表わされることになる。

ランゲの着想は、唯物論を規定する「マチエール〔物質、質料、動機〕」というそれ自体は議論の余地がある概念に基づくため、十九世紀半ばのドイツ講壇哲学の前景で活躍していた「俗流唯物論者」[8]にその考察をしぼることになる。それは一連の学説ないし立場を実際に、あるいは権利として排除することを条件とするし、また帰結するのだが、しかし少なくとも唯物論は考察すべきであり、それならまずはマルクス主義そのもの（ランゲがそれについてほとんど知りえなかった理由がどのようなものであれ）を考察すべきだ、ということになる。だが実際のところランゲの論述では、唯物論とは異質な――ランゲの意見によればだが――あらゆる学説と著者が取り上げられている。総体的に評価するなら、ランゲの用いるさまざまな概念には揺れが認められるために、彼自身が取り上げる著者と学説の扱いそのものは、情報量という点でその当時は疑いよ

(6) E・ベルンシュタインは、ベルリン出身の社会主義者。ドイツ社会民主党（SPD）右派の理論的指導者。暴力革命を否定し、議会政治による社会民主主義の実現を目指す修正主義理論を展開した。
(7) 暴力革命やプロレタリア独裁といった、いわゆる「マルクス主義の原則」の幾つかについて、重大な「修正」を加える意見や思想などに対して使われる用語。
(8) たとえば、K・フォークト、J・モーレショット、L・ビューヒナーといった生物学者たち。彼らは、十八世紀の唯物論よりさらに低級な唯物論に与しているとして「俗流」と蔑称された。「俗流唯物論」は広義には機械論的唯物論に属するが、十八世紀フランスの唯物論がもっぱら物理学的な知見に立脚したのに対して、生物学・生理学的な知見に定位し、さらにダーウィン流の進化論に結びつく。意識と脳の関係は胆汁と肝臓の関係に等しい、人間の社会は食事や気候などに依拠したものだ、といった主張がなされた。

うのない価値を持っていたといえるが、数多の誤解、不確実さ、そして脱線を招来するものとなってしまっている。ランゲの著作は、十九世紀半ばの哲学と学問に関する文献としては興味深く、かつ、いまだなお有益な資料と指摘をふくむものであるが、近代における唯物論史とは何であるべきかという観点からすれば、きわめて時代遅れの観が否めない所以である。

## II　唯物論史を書くことの困難について

哲学史を書くときに出会うさまざまな困難については周知のとおりである。それは、哲学の特性によるものか哲学の野望によるものである。哲学は、普遍的であることを目指し、また非時間的であることさえも目指すが、そのために、哲学と歴史のあいだには矛盾が、あるいは少なくとも緊張が生じることになる。こうして歴史の対象になるところのものに関してさまざまな問題が提起される。たとえば、歴史はいったい何に関して叙述されるのか。哲学という総体についてなのか、あるいは個々の哲学についてなのか、著作についてなのか、あるいは哲学者についてなのか……という問題である。また、境界劃定《かくてい》に関する問題もさまざまに提起される。哲学史は、たとえば思想《イデー》史と科学史のあいだにどのように位置づけられるのか。そもそも哲学史がそこに占める位置はあるのか。そして端的にいって、語り《レシ》〔つまり古典劇で物語の経緯を登場人物が説明する部分〕に関してもさまざまな問題が提起される。哲学には何が生じているのか。あるいはけっして何も生じないのか。

これら一般的な問いは、唯物論者にとってきわめて深刻なものであるはずだ。というのも哲学史というものが存在するかどうかは、少なくとも自明でなくなるからだ。たとえばランゲにとってこの問題が提示される余地がほとんどないとしたら、それはランゲが唯物論者ではないからである。いずれにせよさまざまな観念〔思想〕は、どのような仕方であれ物質的プロセス――その産物、表現、反映など――の支配下におかれているために、それに固有な実在性といったものはないと〔唯物論的に〕考えるなら、一八四六年頃にマルクスとエンゲルスが「道徳、宗教、形而上学ならびにその他のイデオロギー」（『ドイツ・イデオロギー』、Edition Sociale版、一九七六年、二〇頁）について述べたように、哲学には歴史がないと考えられるだろう。それは、イデオロギーは「人間たちの頭脳のなかの模糊たる諸観念」であり、「物質的諸前提に結びついた生活過程の必然的昇華物」（前掲書[9]）にすぎないのだから、イデオロギーには歴史がないという意味においてである。歴史を有するのは、自分たちの頭のなかにあるさまざまな観念〔思想〕をつかって思考する物質的存在つまり「人間」であり、観念〔思想〕それ自体ではないのだ。したがって、もし唯物論が哲学史という概念そのものを問題視する可能性があるなら、唯物論史という構想《イデー》もなおさら問題ふくみだということになる。それ以上に、唯物論は真理なのかどうかさえも……。

とはいえ、唯物論の弱点に由来する困難をまずは想起しておこう。すでに見たように唯物論は、まずは嘲弄された哲学として、ついで抑圧された哲学として、さらには、唯物論の傾向を持った、あるいはそうとして受け止められた人々からは、極端に萎縮した哲学として表現されるものであった……。

（9）大内兵衛・細川嘉六監訳『マルクス＝エンゲルス全集』第三巻所収、大月書店、一九六三年、二二頁。

嘲弄された哲学というのは、唯物論史が非常に多くの場合、軽蔑をこめて執筆されてきたということである。しかも人々は、唯物論に分析を施すとかその特徴を引き出すとかというよりも、罵倒、排斥、指弾、あるいは少なくとも歪曲を行ないながら、その歴史を執筆してきた。この点に関してたとえば、十八世紀の唯物論は十九世紀に唯物論について持たれたイメージのなかでどのように変化したのか、ということが考えられるだろう。このイメージは、今日《こんにち》も根強く残っている。この点に関していうなら、ランゲの『唯物論史』は、まさしくこのイメージに抗うことで、客観的な唯物論史の模範《モデル》として出現しえたのである。

抑圧された哲学というのは、唯物論者が多くの場合、仮面をつけて本当の姿を隠した哲学者であったということである。白日の下に晒《さら》されていない唯物論としての正体は、これといって特徴のない外見、あるいは反対の姿となって現われる外見の、その背後に探り当てなければならないのだ。とはいえ、唯物論者は仮面をつけているのではないかという仮説は、歴史家にとって取り扱いが難しい。このような仮説は最初、唯物論を糾弾するために論敵によって提示されたものであった（たとえば十七世紀ではデカルト、ガッサンディ、あるいはスピノザがその標的となった）。しかしこのような糾弾はどこか胡散臭く、したがって蔑視されかねないものであった。抑圧された哲学の別の側面は、虚勢を張るというもので、唯物論者であると公言している人々が、挑発、誇張、あるいは自惚れに訴えかけることがしばしばあるのは前述したとおりである。しかし、この挑発、誇張、あるいは自惚れをそのまま信用することは避けなければならないだろう。

にもかかわらず糾弾がなされるということは、何かの徴候、いまだその正体をみせず、怖れをかきたてる危険の徴候――危険はそこに見えると思われているところに確かにあるわけでないにしても――であるのかもしれない。いずれにせよ、そこには危険がひそんでいるなどと思い上がったことを言うと足をすくわれる。

というのも唯物論は、封じ込めが上手くいったと思われるや否や勢いをつけ、その勢いを感じ取ることで手持ちの手段と実際の確信を超えて振る舞うということがありうるからだ。しかし勢いづいた唯物論というのは、それ以外の困難の引き金になってしまう。

唯物論をこのように勢いづかせるのは、何よりもまずそれが批判的な思想であるということによる。ところでこの特徴は、概念というものそれ自体を解体しかねない。一般に流布している宗教上の誤認と予断、形而上学上のそれ、あるいはそれ以外の誤認と予断を批判することは、歴史のそれぞれの局面における多くの思潮と見解がその対象にふくめられるということだ。それでは、〔歴史のそれぞれの局面において〕唯物論を具体的に表象しているように思われるさまざまな形象を通じて、唯物論に本来的に帰属するものを識別するためにはどうすればよいのか。この問いは、唯物論を過度に厳密に定義することから、輪郭のはっきりしない哲学の包括的な歴史記述が描き出す図表のうちに唯物論を投げ込んで説明することまで、二つの極端を往復する。そしてこの問いは、ランゲの著作がその読者にたえず投げかけるものだが、われわれの時代にも通用する。たとえばヘルマン・レイ〔Hermann Ley〕は、『中世における唯物論史』という研究書の続編として、のちに『啓蒙思想と無神論の歴史』という題名で呼ばれることになる一連の研究書を執筆しているが、なるほど後者の題名にあるように啓蒙思想や無神論といった概念は唯物論と特別な関係を取り結ぶ。しかしながら――この特別な関係を無視するわけではないが――唯物論と密接な関係にありながらも、時代を通じて変化し、また齟齬をきたすことも往々にしてあるはずの個々の〔哲学上の〕構成要素から唯物論を区別するような歴史記述をこれについて行ない、そしてまさしく唯物論とそれ以外の構成要素との関係ならびにその変化について突き止める必要があるのではないか。いつの時代も唯物論的な論証、喧伝《プロパガンダ》、あるいは論争には、補佐役、支持者、中立派、あるいは著名人からなる集団がいるわけだが、だからといって、唯物論をこの集団に還元したりそれと同一視したりすることは、さまざまな概念を取り違え、歴史を理解不能なものにしてしまう。そのようなわけで、たとえば十七世紀の「唯物論」を考察するときでも、十七世紀の人々にとって、あるいは私たちにとって、無神論、宗教批判、自然神学、自然主義、あるいは懐疑主義と映るものを考慮に入れなければならないだろう。ここに列挙した立場はいずれも多岐にわたり、さらには互いに対立するものでもあるが、その当時は、唯物論を現実に代表する人々、あるいはそうと推定された人々の思想と結びついていた。しかしこのような概念の布置は、その当時の典型をなすとはいえ、結局は相対的かつ暫定的なものである。十七世紀以外の時代であれば、ここに列挙した立場は、唯物論を支持するものではなく、むしろそれと敵対するものであったからだ。こうして、十七世紀には唯物論にとって特別な支持者であり、十八世紀においてもしばしばそうであった懐疑主義は、十九世紀以降は敵対者としてその姿を現わすようになる。

しかし、唯物論史がいわば万華鏡のようなもの——そこでは唯物論を構築する諸要素と〔唯物論がそれ以外の立場と取り結ぶ〕関係が、或る時代と文脈から別の時代と文脈に移ると逆転し横転する——であるとしても、或る概念を換骨奪胎してしまう極端な相対主義を退けようと思うなら、この概念のうちに一貫して認められる諸要素を探し出さなければならないだろう。しかしながら、そうしようとすると逆の危険に出くわすことになる。

勢いづいた唯物論に由来するこのもう一方の危険とは、まさしくその原理主義的な特徴によるものだ。唯物論が勢いづくとしたら、それは、唯物論には歴史もそれに固有な内容もないからである。逆に〔このような見解に〕反論と異議を申し立てるなら、マルクス主義のなかからさまざまな古典的著作を、たとえば『フォイエルバッハ論』といったエンゲルスのそれを、あるいは『唯物論と経験批判論』といったレーニンの著作を援用することができるだろう。〔いずれにせよ〕それ固有の歴史を欠いた――なぜなら現実の歴史は別のところにあるから――イデオロギーとして哲学をみなすのではなく、むしろ哲学的なものとして哲学を、つまり、哲学が一貫して問題とする事柄に対して、ようするに思考と存在の関係という最重要の問題に対して、さまざまな立場を、あるいは立場ないし方針の選択を表明することとして哲学をみなすのであれば、総体としての唯物論には歴史がない。なぜなら唯物論は、思考に対する存在物《エットル》の優位に肯定的であるという、いつも同じ選択肢と意見をとるからだ。唯物論が自分について表現するさいの状況、そのための素材、手段、そして形式だけが変化するのであって、結局のところ歴史を有するものがあるとすれば、それは、唯物論的な傾向にある個々の哲学、さまざまな種類の唯物論だけである。しかしそうなると今度は、この歴史には自立性がまったくないということになってしまう。

　さまざまな種類の唯物論のあいだの相違は何によるのかを実際に考察してみると、唯物論とはまったく別の原因があるように思われる。その動機、適用範囲ならびに実践上の帰結に関していうなら、この相違は、歴史的な状況に、唯物論に立脚する哲学者たちが喚起する社会上の関心つまり社会階級の関心に、ということは「イデオロギー」に、そしてその点からすれば〔或る範囲の〕全体にかかわる歴史によるものだろう。思考のための道具、概念、論証、ひな型などに関していうなら、実証的な学知によるものだろう。そして、唯物論が諸科学と取り結ぶ特別な関係もまた、別の仕方ではあるが、唯物論というものの自立性を消滅させる傾向を有する。もし唯物論が「自然について夾雑物なしに把握すること」なら、したがって唯物論は結局のところ、まさに唯物論にとっての原理のもとでしか真理として通用しないとしたら、この真理が科学のさまざまな真理のうちに解消し、唯物論が或る一つの科学至上主義に帰着してしまうことは十分にありうるだろう。無知蒙昧のうちに深く根を下ろしている難問と神秘、予断と誤認が、無知蒙昧とともに諸科学の進歩によって一掃される日が到来すれば、それはちょうどマルブランシュにとって信仰がその対立項である永遠の理性のうちに消え去るように、唯物論それ自体はなくなってしまうだろう。しかしながらせめて、「自然科学の分野において画期的な発見が行なわれるだけでも、そのたびに唯物論はその形態を変えなければならない」（F・エンゲルス『フォイエルバッハ論』二）[10]ように、唯物論の真理は唯物論が依拠する諸科学の内容と状況に応じてさまざまな様相を呈し、諸科学とともに唯物論は進歩すると言わなければならないのではないか。

ということで、この多様性、ならびにこの進歩について正面から考察することが以下での課題となる。

歴史的に多種多様な唯物論は、一方で、唯物論というものを一貫して定義する見解に依拠するとともに、他方で、社会の状況と科学の現状——唯物論的イデオロギーをさまざまな色に染め上げる社会‐政治的な動機、その主張と論証を構造化し、実質化し、さらには正当化する実証的な学知のさまざまな形式と内容——に応じて変化するさまざまな規定に依拠していると仮定しよう。この規定のうちに、より個別的なものを付け加えよう。つまり、あらゆる思想に関連し、かつ、これを涵養する学説上のさまざまな系譜、表現のあり方を支配するさまざまな流儀、さらに、思想とその表現にとって原因となり、また、その方向性を定め、あるいは限界を設ける、さまざまな情勢や出来事といった具体的な事態である。まず、「副次的なもの」——しかもそれは歴史性一般の特徴である——は、厳密にいって本質的なものからけっして分離できないということが指摘されるだろう。思考と修辞に関係するさまざまな系譜、情勢、また出来事はそれ自体で、科学の現状と社会の状況をそれぞれの局面で条件づける要素である。「社会の状況」といったが、それは科学の現状と同様に一つの抽象概念にすぎない。つまり、もし社会と科学のそれぞれについて一つの状況を、あるいは一つの状況を論じることができるとしても、そうするたびにその状況のうちには、その由来と程度を異にする多種多様な要素——科学を構成するそれであれ社会を形成するそれであれ（階級、集団、組織など）——からなる、個別的で具体的な、また多少なりとも安定した特徴を認めなければならないだろう。ひるがえって唯物論的な傾向を有するさまざまな哲学のほうはいったいどうすれば、継時的にも共時的にも歴史的に規定され、かつ、何にも還元されない個体のようなものとしてあることはない、などということになるのか。というのも、唯物論が少なくとも幾つかの時期において、多かれ少なかれ対立する多種多様な学説をもって主張されているということははっきりと認めなければならないからだ。この点に関していえば唯物論史は、端的にいって歴史学の領域に属するのみならず、自然誌——個体から出発して、個体を変種、種そして属に分類する——の領域にも属することから、交錯した歴史となることを免れえないのである。

とはいえ、唯物論的な傾向を有するさまざまな哲学の多様性のさらに先をいくことが、そして、その多形性という原理をさまざまな哲学——あれこれの時期に唯物論と同盟関係あるいは連携関係にある哲学のみならず、唯物論とは異質な、あるいはそれと対立する哲学もふくめて——からなる集合体に広げることが必要ではないか。

純粋な唯物論という考えは、せいぜい抽象概念にすぎない。「完結した唯物論」とか「首尾一貫した唯物論」

（10）大内兵衛・細川嘉六監訳『マルクス＝エンゲルス全集』第二一巻所収、大月書店、一九七一年、二八三頁（訳文一部改変）。

といったものの可能性が考察されることこそ、少なくとも、それ以外の未完であるか首尾一貫していない唯物論があるということを前提にしている。このような唯物論はしたがって、部分的に観念論を内包することになる。そして、もし観念論的な唯物論が存在するなら、いったいどうすれば、あれこれの観点からみれば唯物論的といえる観念論のほうは存在しない、などということになるのか。おそらく絶対的な仕方ではないが、既存の哲学に関していえば、唯物論のうちに観念論の一部がふくまれるように、観念論のうちに唯物論の一部がふくまれるのだ。したがって、一般的な規則としては、多様な要素と側面が同一の哲学のなかで錯綜しているということであり、一方は観念論的な性質あるいは傾向をしており、他方は唯物論的な性質あるいは傾向をしているのだ。それゆえ主要な問題は、或る一つの哲学が観念論「である」のか、あるいは唯物論「である」のかを知ることではなく、この哲学のなかで優勢的な性質は何か、量的な仕方——或る一つの方向にそって進むものとその反対を行くものを数え上げること——では評価できないが、構造の観点（総体として見られた限りでのこの哲学の編成を規定するさまざまな要素は何か）と意味の観点（この哲学の包括的な意味は何か、目下のところ一般に受けとめられている、あるいは何の変哲もない思想の根底にあって、独創的、革新的、典型的な要素としてこの哲学のうちに見いだされるものは、たとえば何か）から評価できるような優勢性を備えた性質は何か、これを知ることである。つまり、哲学という総体がいずれにしても、唯物論と観念論のあいだで繰り広げられる論争あるいは闘争の場としてあるのなら、この闘争はさまざまな哲学の一つひとつの内部でも繰り広げられることを忘れてはならないだろう。

こうして唯物論史は単に、唯物論的な傾向を有する哲学全般に関する歴史であってはならず、ましてそのような傾向を有するさまざまな哲学に関する歴史であってもならない。それは、哲学という総体における、あるいはさまざまな哲学における唯物論に関する歴史でなければならないだろう。そして、著者あるいは解釈者によって著作として指し示されているものにおいてのみ哲学的な立場が表明されるわけではないということが真実だとしたら……、唯物論史は、著作とは別のところで表明される唯物論に関する歴史でもあるべきだ、ということも付け加えなければならないだろう。

# 第二部　通史

直接的〔無媒介的〕に〔私たちに〕立ち現われる生活の具体的な側面を信用し、そして肯定すること、これは通常の振る舞いである。事物は存在する、そして、事物について抱かれる意識よりも事物のほうに優先権がある、と確信することも〔通常の〕考え方である。この点からすれば唯物論は、いつの時代であれすべての人にとっての共有財産である。しかし哲学的にいえば、唯物論にはさまざまな時代区分があり、しかもその起点ははっきりしている。つまり、ランゲがその『唯物論史』の冒頭で述べたことを厳密に受け容れなければならないのだ――「唯物論は哲学と同じくらい古いが、それより古いことはない」。哲学的な態度、何らかの哲学的な立場や方針――それらは必ずしも体系あるいは学説とはかぎらない――の選択は、実際のところ概念なしには不可能であり、少なくとも反省、認識、そして論証という領域と、生活、信念、そして感情《サンチマン》という領域の区別を前提とする。そして、このような区別をたてることが、哲学の誕生を意味するのだ。もちろん、区別という指標には理論的な限界があるし、また、これをもって哲学が誕生した日付と場所を確定できるわけではないが、哲学ならびに哲学に付随する唯物論について、その展開の重要性を判断するためにはこの指標が不可欠である。したがって私たちは、人類の先史時代のうちに唯物論前史を探索するなどという危険を冒すことはしない。遡及的なものの見方をすれば唯物論としての価値や意味を与えられる側面が前‐哲学的な思考体系のうちにあるということを否定するわけではないが、この側面についてとりわけ哲学に先立つ宗教的な思考形態のうちに探りを入れることは、専門的な研究にまかせよう。哲学とそれ以外の思考形態は区別されるべきだという理由に加えて、専門的能力の観点からいって、また、論述を明解にするためにも、私たちは、宗教との腑分けという困難な問題が立ちはだかる東洋哲学という広大な領野を脇にのけざるをえない。東洋哲学では宗教と哲学のあいだに未分化の余白部分があるため、絶対者という考えは、物質的絶対者とも神的絶対者とも解釈されうる場合が一度ならずあるのだ。したがって本書第二部では基本的に、唯物論史のなかでも、宗教からの独立を必ずしも宣言するわけではないが、宗教に対して哲学が自立性を主張した決定的な時期に相当する時代として、二つの典型だけを取り上げよう。つまり、古代文明〔アルカイック期〕ならびに古代ギリシア‐ローマにおける唯物論と、ルネサンス以降の西洋文化と近代における唯物論である。

# 第一章　古代ギリシア - ローマの唯物論

## Ⅰ　唯物論の誕生――「ソクラテス以前の思想家たち」

哲学の誕生はソクラテス以前の思想家たち（紀元前六世紀から五世紀のギリシア）にさかのぼるというのが通説である。中近東に見られる神話的な内容と詩的な形式を備えた宗教的思考[1]から、実証知の出現と同時かそれに先行して、合理的な説明を追求する世俗的思考への移行が生じた。そして後者が哲学的思考なのだ[2]が、唯物論が――いまだ固有の名称を与えられていないにせよ――意味をなすのは、この世俗的思考においてだけである。哲学の誕生というよりもそれへの移行には、百年から二百年かかっており、しかも、宗教的思考から世俗的思考を分かつ境界線は絶対的なものではない。実際にセム語族の宇宙開闢《かいびゃく》説――これは、ヘシオドスが執筆した『神統記』など古代ギリシアの神統系譜学によって継承された――にはすでに、世界の編成に先立ってそこには以前からずっと何か事物があるという考えが、この神統系譜学と同様にふくまれているからだ。このような考えは、私たちにしてみれば、恒久的な「物質」という考えに相当するものだろう。また、ソクラテス以前の思想家たちのほうはどうかといえば、彼らは「ギリシアの奇跡《ミラクル》」として語り継がれてきたことをもって最初の哲学者とか合理主義をとる学識者であるとされてきたが、実際のところは、このように図式化された形象に当てはまるどころか、彼らもまた依然として、預言者あるいは呪術師から何かしらのものを引き継いだ「神学者」なのである。(3) つまり彼らは、神話と学問〔科学〕、宗教と哲学をそれぞれ区別する途上にいるとだけ言うべきなのだ。したがってここで「唯物論」に関する遡及的な研究は、その起源が問題になっているのだから必要ではあるものの、その分だけきわめて込み入ったものにもなる。込み入っているというのは、単に「唯物論」という言葉が十七世紀における発明であるのみならず、まず何より

(1) たとえばバビロニア神話の創世叙事詩である『エヌマ・エリシュ』という賛歌などに見られる。
(2) フランスを代表する歴史学者・人類学者ジャン＝ピエール・ヴェルナンによれば「哲学の誕生は、二つの大きな心性の変化と連動している」。つまり一方で「超自然的なもののいかなる形式をも除外し、神話によって確立された自然学的現象と神的な媒介者の間の暗黙の同化を拒絶する」「実証的思考」の登場である。他方で「神話が現実に与えていた変化の力を現実から奪い去り、同一性の原理を断定的に表明するために、相反するものの結合という古くからあるイメージを拒否する」「抽象的思考」の登場である（以上、ヴェルナン「神話から理性へ――アルカイック期ギリシャにおける実証的思考の形成」、E・ル＝ロワ＝ラデュリ、A・ビュルギエール監修、浜名優美監訳『叢書「アナール」』第二巻所収、藤原書店、二〇一一年、三四六頁）。
(3) フランスを代表する文献学者・歴史学者ルイ・ジェルネは、その記念碑的論文「哲学の起源」（堀美佐子訳『現代思想』一九七四年十二月号所収、二〇〇‐二一五頁）において、「ソクラテス以前の思想家」のなかでもパルメニデスの断片にみられる象徴的言語――知識は女神の導きのもと、旅の終わりに、道として与えられる――に注目し、それはオルペウス（オルフェウス）教団やピタゴラス教団に代表される神秘主義的伝統が哲学に転移されたものであると説明している。ジェルネは、パルメニデスの他にエンペドクレスなどにも言及しつつ、現実〔実在〕に関する合理的〔理性的〕思考の開始という「ギリシアの奇跡」は、それ以前の宗教的伝統に連なる歴史的事象としてとらえなければならないと主張する。

も、ここで私たちが取り上げている〔ソクラテス以前の〕時代に関していうなら、この言葉の意味内容をなすさまざまな概念がそもそも創出されたのは次の時代のことであるという特殊な理由による。つまり、「物質《マチエール》」という術語（ギリシア語では「ヒュレー〔*hylē*〕」〔素材という意味だが、哲学上は形相の対概念として質料と訳される〕に相当し、ラテン語には「マテリア〔*materia*〕」あるいは「マテリエス〔*materies*〕」と翻訳された）を紀元前四世紀に作ったのはアリストテレスなのである。また、あれこれの学説が採用する「根源《プランシップ》〔原理（アルケー）〕」の数に応じてこれらを定義しつつ、この「根源〔原理〕」に事物を構成する「元素《エレマン》」という意味を与え、ついで、唯物論的な説明体系という価値を幾つかの学説に与えることで学説分類を行なったのは、紀元前五世紀ではプラトン（『ソピステス』において）であり、そしてアリストテレス（「ヒュレー」という術語は『形而上学』第一巻に出てくる）、さらに紀元前一世紀ではルクレティウス（『事物の本性について』第一巻において）といった唯物論者自身なのである。一般的にいって、私たちがソクラテス以前の思想家たちについて抱いている理解は、彼らの思想に対して古典期の偉大な哲学者たち——その後の修史は彼らに由来する——が施した体系化、翻訳作業、合理化に基づいたものなのだ。とはいえ、このような精錬という作業それ自体は、ソクラテス以前の思想家たちに特有な思考上の動きがあったからこそ可能だったのであり、しかるべき慎重さをもってすれば、彼らのうちに遡及的に立ち帰ることは最終的に正当化される。

何よりもまず、ソクラテス以前の思想家たちにおいては、さまざまな概念、とりわけ物質と精神という概念が未分化であるために、どちらかといえば唯物論的と形容される側面がいっさい認められないということを指摘しよう。この時代の思想家たち、少なくとも彼らのうち時代的に最も古い、タレス、アナクシメネス、アナクシマンドロスといったイオニア地方の「自然学者」（ミレトス学派）、エペソス出身のヘラクレイトスは、

「神的なもの」を探求する神学者としてもみなされうるのだ。この神的なものはまた、物質的であると同時に精神的なものでもあり、あるいはどちらでもない。万物の根源は水であると教えていたタレスは、万物は神々に満ちているとも述べていたのである。彼らに帰せられる「自然学的」という様相を呈した宇宙開闢《かいびゃく》説は依然として、おそらく古代のそれと完全に異なるというわけではないだろう。

しかしながら、彼らのうちに唯物論的な考え方を予見させるものがあることは過小評価できない。しかも、それは想像の産物ではない。というのも、その後の唯物論はこの考え方を起点とするからだ。

そのうちに第一にふくまれるのは、曖昧なところはあるにせよ、始まりも終わりも有さない何らかの事物が現実のうちに実体として永続的にある、とすることだ。このような考えは、エレア出身のパルメニデスが絶対的な存在に関して展開した形而上学〔存在するものは存在するのであって、存在するものが存在しないということはありえないという考え方〕によって厳密な輪郭を与えられることになる。そしてアリストテレスが「自然学者たちに共通の見解」(4) として提示した以下のような原理へと行きつく。あらぬもの〔非‐存在〕からは何ものも生じない。そしてその逆に、あらぬもののうちに何ものも消え去ることもない、という原理である。

この考えのより具体的な側面をもう一つ挙げるなら、ソクラテス以前の思想家たちの学説は、生成変化を通じて不変な一つないし幾つかの「元素」を探求したことを特徴とする。この「元素」によって、運動している事物の一貫性と実在性に関する説明が与えられるのだが、これはアリストテレスをして、自分自身が区

---

（4）アリストテレス『自然学』（第一巻第四章）、出隆・岩崎允胤訳『アリストテレス全集』第三巻所収、岩波書店、一九六八年、一八頁。

別した四つの「原因」のうち、自然学者は第一番目の原因、つまり「物質的な原因《マテリエル》」〔質料因〕を発見したと言わせたところのものである。ここでいう物質——万物はその一面または変様にすぎない——とは、タレスであれば水と同一視されるものだし、アナクシメネスであれば空気と、ヘラクレイトスであれば火と、そしてそれ以外の思想家であれば土と同一視されるものである。時代がくだるとエンペドクレスは、物質をこれら四つの元素からなる総体とした。そしてこの物質こそが、その後に別の思想家たちによって原子と同一視されることになるのである。

前述した思想家たちにおいてこれら物質的な「根源〔原理〕」が、依然として聖なるものと神的なるものの次元に位置づけられていることは確かである。しかしいずれの場合も、この現実の世界とは異質の、真に超越的な原理とは関係がない。幾つかの点できわめて観念論的な傾向を有する哲学者ですら、万物の根源〔原理〕を内在性のうちに押し止めている。紀元前五世紀のアナクサゴラスにとって、分別整理するものとしての「精神〔知性的原理〕」は、世界に遍在する或る種の気息であった。エンペドクレスによれば、宇宙には愛〔ピリア〕と憎しみ〔ネイコス〕という力があり、それによって元素の結合あるいは離散が生ずるが、それは紀元前六世紀において、きわめて抽象度の高い根源〔原理〕というものが世界における実在として表象されていたのと同様である——パルメニデスにとって「あるもの〔存在〕」は、中心からどの方向にも等距離にある球として表象され、ピタゴラス学派にとって「数」は、空間を占める諸事物の実在性をなす点の幾何学的な集合〔ピタゴラスは、線を極小の点の有限個の集合と考えていた〕として表象されていたように。

たしかに、ピタゴラス学派のように数をいろいろと組み合わせていくにせよ、古来よりの仮説である宇宙開闢《かいびゃく》説という形式をとるにせよ、あるいは、元素の結合と離散、実体の凝結や希薄といった自然界における機構《メカニスム》によるにせよ、ソクラテス以前の思想家たちの思考体系が専念するのは、根源〔原理〕というものを起点にして諸事物の実在性がどのように構成されているかを説明することなのである。

最後に、しかもあらためてそれ以前の思考形式〔つまり神話的な内容と詩的な形式を備えた宗教的思考のこと〕と対比させるために指摘しておくなら、ソクラテスの登場以前に活躍していた思想家たちの思考体系は、ピタゴラス学派であれば算術、幾何学、天文学ならびに音学、アポロニア出身のディオゲネス（紀元前五世紀）であれば医術――これは「自然学」、つまりピュシス（自然）に関して適切な原理を起点に説明する学知に起因する――など、その当時に出現しつつあった技術ならびに学知と結びついている。もちろんそれは、自然に関する諸科学ならびに事物に作用する諸技術のうちに属すると私たちに思われているものだけでなく、人間に関する限りでの初歩的な諸技術や諸学問でもある。つまり、ここで考察している時代のなかでも最も若い世代にふくまれる「ソフィスト」と呼ばれる思想家たち――言葉の本来の意味で「ソクラテス以前」に活躍したプロタゴラスや、ソクラテスと同時代に活躍したゴルギアス、ただし彼はソクラテスより若かった――が特別視していた文法学、修辞学、政治学である。

「唯物論的」という形容詞をここまで使用してきたが、それを付与しても誤解を生まないですむ思考体系が出現するのは、ここで考察している時代の末期になってからのことである。

# Ⅱ　古代原子論

最古の原子論者として挙げられるのは、原子論の創始者であるミレトス出身のレウキッポスとアブデラ出身のデモクリトスという二人の名前だ。ソクラテス以前のそれ以外の思想家たちと同様に、彼らについて、また、彼らの学説について私たちに知られていることの大半は、アリストテレスが記したところに依拠している。そのため、伝記上の事実関係ならびに彼らに固有な思想を再構成するうえで問題が生ずる。彼ら最初期の「唯物論者」は当初から、伝説的——レウキッポスについて言われるものだが、この人物についてはほとんど何も知られていない——ならびに合理主義的という二つの人物像をもって描かれている。合理主義的というそれは、偉大な学識者にして旅行家〔エチオピアやインドを旅したとされる〕であったデモクリトスの生涯から十分にうかがい知れるものだ。デモクリトスの伝記上の事実関係については、レウキッポスよりも僅かながら知られている。ソクラテスと同じ時代を生きたというのは確かであり、またソクラテスより長生きしたらしいと考えられている。また、原子論という学説について私たちに伝えられているさまざまな情報の大半は、彼が遺した著作によるというのも確かだ。

したがって古代原子論が歴史に占める位置は、本来の意味における「ソクラテス以前」の思想を引き継ぎ、そのなかからとりわけ合理主義的な諸要素——これらの要素がその後より端的に「唯物論的」とみなされるようになる——を取り出した哲学のそれだということになる。そして、とりわけこの古代原子論において、「すべての自然学者の原理」がおそらくエレア学派の影響をうけつつ、その最も厳密な意味を獲得する。つまり、あるもの〔存在〕とあらぬもの〔非-存在〕のあいだにパルメニデスによってすでに確立されていた相互排他的な区別という原子論の原理である。一方が他方から出来することはありえず、同様にまた、一方が他方のうちに解消されることもありえない。しかし、原子論者にとってあるものとあらぬものはそれぞれの仕方で、ある、つまり、存在する。そして、このことは或る意味で、いかなる超越性も精神性も排除する。存在は物体であり、あらぬもの〔非-存在〕は物体の不在つまり空虚だからである。空虚は、さまざまな物質とくらべて実在性の度合いが低いわけではない。もっともその実在性は、否定という意味でのそれである。空虚はさまざまな物体の隔たりであり、物体が位置し、また、移動する場のことである。ここでも否定ということが問題になっている。というのも空虚には、限界あるいは境界がなく、それと同様に性質もないからだ。空虚は無限なのである。

この十分に実在的な「あらぬもの〔非-存在〕」に対して、術語の狭義における「あるもの〔存在〕」つまり物体は、「原子《アトム》」のことである。それは、少なくとも一般的には堅固で極小なもの、いずれにしても分割不可能なものである（アトムというギリシア語は、分割できないものを意味する）。この分割不可能性は、その充全な実在性の条件であり、それを保証するものでもある。原子は、分割されて無のうちに解消されることがない。その絶対的な堅固さのために破壊されないのだ。原子は、その大きさと幾何学的な形態が限りなく多様であることをそれ自体の特徴とするが、空虚との関連、また一つの原子と別の原子との関連ということでいえば、その位置と配列によっても特徴づけられる。原子の位置と配列こそ、さまざまな条件を抜きにして間違いなく原子にとっての特質であるといえる。原子それ自体が何か「重さ」のようなものを持っているかどうかは明らかでないが（「重さ」を持っているとしたら、それは原子の位置と配列の結果であるとは考えられうる）、空虚のなかできわめて高速に運動していることは確かである。しかもこの運動には始まりも終わりもない。また、どちらかの方向だけに進むようなものでもない。

あらゆる方向に絶えず運動していることから、原子は互いに接触を繰り返すことになる。この衝突と跳ね返りによって、原子の多種多様な大きさと形態に応じて、結合と分離のプロセスがさまざまな次元で引き起こされる。そうすることで物体の混合と集積が生じる。宇宙の次元では、この原子の集積が渦巻き状のプロセスのもと世界を誕生させる。このプロセスは空虚のあらゆる部分において生じうるし、また、そうするはずのものである。そこから、宇宙には無数の世界が存在し、個々の世界のうちには、接触、結合、そして集合という同様の作用によって多様な事物とその多様な外観上の性質が生み出されることになる。しかしこの外観(デモクリトスは「慣わし」と呼んでいた)の背後には、真正で単独の実在が存続しているのであって、それこそが原子と空虚という実在なのである。[5]

このように事物の生成は、世界の生成と同様に、ただ「偶然」と「必然」だけによる。偶然というのは接触が偶然に生じるということで、それはいかなる計画も意図もないという意味での偶然であり、究極目的に似通ったもので事物と世界の生成を統べるようなものは何もない。偶然はしかし同時に必然でもある。というのも原子は、その大きさと形態、位置、運動、ならびに運動の方向に応じて、衝突、混合、配合、ならびに分裂という事態に至るのだが、このような機械的なプロセスによって、事物と世界の生成は決定されているからだ。

このようなプロセスは、さまざまな自然現象と自然物の生成について説明するのに役立つ。風あるいは地震などの自然学的かつ気象学的な現象、生物学的な現象、そして人間——その動物的な側面から文明化された状態へと移行する歴史もまたデモクリトスにとっては、後期の著作にその反響をみてとることができる、〔生活上の〕必要と経験を起点とした自然主義的な説明の対象であった——をふくめた生物についてである。

このような説明の仕方は、全面的に唯物論的なものとして受けとめることができる。というのも、あらゆる事物、性質、現象が、空虚における原子という物質の移動に帰着するからだ。魂についても同様である。魂は身体のうちにあり、炎のさまざまな特徴——微細さ、可動性、速さ——を備えた球形の原子からできている。魂の心理上のさまざまなプロセスの総体に関していえば、感覚、思考、そして感情は、外的対象から出来する原子の流出物(6)が身体と魂に与える印象〔刻印〕、つまり影像《イマージュ》、あるいはラテン語源の古くからある術語を使うなら「シミュラークル〔似像〕」によって説明される。このような説明の仕方は神論にすら応用され

(5) デモクリトスの断片を最も多く伝えるセクストス・エンペイリコスの『学者たちへの論駁』における証言〔第七巻一三五〕によれば、「デモクリトスは、ある時には諸感覚に現われるものを否認し、そしてこれらのうちの何ものも真理に従って現われているわけではなく、ただ思いなしに従って現われているにすぎないのであり、諸々のあるもののうちで真なることとして存立するのは、諸原子と空虚が存在するということである、と言っている。すなわち、彼は言う、甘さといい、苦さといい、熱さといい、冷たさといい、色といい、すべては慣わし（ノモス）の上のことにすぎず、まことには諸原子と空虚のみ。この言葉の意味するところは、諸々の感覚対象は存在するとみなされ、またそう思いなされているけれども、しかし真理に従えばそれらは存在するものではなく、ただ諸原子と空虚だけが存在している、ということである」〔金山弥平・金山万里子訳『学者たちへの論駁2』、京都大学学術出版会、二〇〇六年、六五－六六頁〕という。

(6) デモクリトスはこれを「エイドーラ〔剥離像〕」と呼んだ。デモクリトスによれば感覚が生ずるのは、感覚されるものから放散され、かつ、感覚されるものに相似した、それ自体も原子から構成される像（エイドーラ）が、感覚するものの感覚器官に接触することによってである。

る。つまり神々は本当に物質的存在なのであり、或る特定のものの似像《シミュラークル》と多かれ少なかれ同一視される〔デモクリトスによれば神々は、原子から構成される似像の本源として、それと同じく原子から構成される〕。そして、宗教上は人間に原因があるとされる有害なものまたは有益なものをまさしく人間に〔エイドーラという形式で〕もたらすという特徴をしているのである。(7)

## III 古典期

ソクラテス的な内省と同様に、原子論がギリシア哲学における古典期（紀元前五世紀末から四世紀）の幕開けであったとしても、この時代がソクラテスを引き継ぐ観念論的な傾向を持った者たち、たとえば「イデア」あるいは「形相」の実在性を全面的に主張する者（プラトン）、あるいは少なくとも「物質」に対する「形相」の優位を主張する者（アリストテレス）の時代であるととらえれば、私たちにとってはやはり観念論の時代だということになる。しかし、このようなとらえ方は部分的には、観念論以外の思想の流れ、とりわけ一つないし幾つかの唯物論的な思想の流れを犠牲にすることで観念論が成功をおさめたとする社会的かつ歴史的に設定された視角によるものである。このようなとらえ方によると、唯物論的な思想の流れは影をひそめるようになったとされる。それでも、このように影をひそめた唯物論の存在や存続、あるいは発展というのは確実なことであるし、また実際にそのように推測可能なことでもあるのだ。

原子論的な系譜の継続性については、はっきりと裏づけがなされている。正統な「アブデラ学派」〔デモクリトスはアブデラの出身〕であれ、師匠から弟子への単なる継承であれ、古代原子論のさまざまな主張がデモクリトスからエピクロスに至るまで、とりわけエピクロスが師事したナウシパネスを介して保持されていたことは確かである。

　それ以外の唯物論的な思潮の継続性については、むしろ確からしいとしかいえない。たとえばストア主義的唯物論は、ソクラテスから教えをうけるもプラトンとは敵対しながらストア主義に着想を与えた幾人かの哲学者たち、すなわちキュニコス派の哲学者たちに認められる唯物論と結びつけられるべきではないか。キュニコス派は、アンティステネス〔おそらく紀元前四四五－紀元前三六五年。禁欲主義を説いた〕を創始者とするが、その「唯名論《ノミナリスト》」的な主張（プラトンが「イデア」の地位へ格上げした普遍というものに概念的な実在性以外のものを付与しない〔イデアは「普遍概念」である〕）には、唯物論的な傾向がみられると思われるからだ。つまり、もしイデア〔観念〕に実在的に存在するということが認められないなら、物体〔身体〕しか存在しないのではないか、というのである。

---

（7）セクストス・エンペイリコスの『学者たちへの論駁』における証言（第九巻一九）によれば、「デモクリトスは次のように言っている。何らかの影像〔剝離像〕が人間たちに近づいてきて、それらのうちのあるものは善い作用を及ぼし、また別のものは悪い作用を及ぼすのであるが（それゆえまた彼は、好運な影像に出逢うようにと祈りを捧げた）、それらは大きく巨大なものであって、消滅しにくくはあるが不滅であるわけではなく、また観取され音声を発するときには、人間たちに将来起こるであろうことを予言する。このゆえに、まさしくそれら影像の表象を受け取ることによって、古の人々は神は存在すると推測した――それらとは別に不滅の本性をもつ神というものはまったく存在しないとしても」（金山弥平・金山万里子訳『学者たちへの論駁3』、京都大学学術出版会、二〇一〇年、一〇－一一頁）という。

このような唯物論については、プラトンの著作それ自体に証言——内容空虚なものもあれば〔自分の主張との〕対比が際立つものもある——が見いだされる。たとえば『パイドン』はおそらく、シミアスという登場人物〔テーバイ出身で、ソクラテスの友人。テーバイではピタゴラス学派の哲学者ピロラオスに学ぶ〕、ならびに魂を〔琴が奏でる〕調和のようなものとみなすその主張（魂は、身体の組成と緊張が作り出す或る種の様態に他ならない〔身体と魂の関係を、琴の弦の張りとその調和になぞらえる。琴の奏でる調和が琴の存在に依存しているのと同様に、身体がまずあり、その存在に基づいて、魂が成立する〕）を介して、医学的、ピタゴラス的、あるいはむしろヘラクレイトス的な伝統のもとにある唯物論——これについてはしかし、ほとんど知られていない（ジャン・ベルンハルト『プラトンと古代唯物論』、パリ、一九七一年）——を標的にしている。さきに『ソピステス』は「大地から生まれた息子たち」という名称のもとで、その詳細については見極めがたい唯物論的な傾向を持った思想家たちを標的にしていると述べたが、その描かれ方には雑多なところがあるため、自身に都合がよいように取りまとめられたさまざまな思想的な流れがほのめかされているように思われる。『ティマイオス』のほうはどうかといえば、原子論を参照しているようにみえる。場ないし所という意味の「コーラ」——或る種の物質的な延長体にして、可感的事物とそれだけが完全に実在的なイデアの中間にある——こそ、つまり、デモクリトスが考察する空虚との呼応関係を見てとれるこのような混成した実在こそ、私たちに、まさしく唯物論的な主張として「およそあるものはすべて、どこか一定の場所に、一定の空間を占めてあるのでなければならない、地にもなければ、天のどこかにもないようなものは所詮何もないのでなければならない[8]」と言わせしめるのだ。しかしプラトンがはっきりと述べているように、それはそのような主張を「夢語り」（52b）として格下げするためである。ついでプラトンは、幾何学的な図形に基づく四種類の自然的元素〔原理〕に関する神話的な宇宙開闢《かいびゃく》説(9)を提示するが、それは、自然学上のさまざまな現象の生成の機構《メカニスム》についてこの開闢説に基づいてなされる説明と同様に、原子論的な構築物を批判的に転用した結果のように思われる。プラトンの観念論とは、永遠的、非物質的、非可感的な形相の実在性を、しかも、これと類似する純粋な精神だけが到達できるような形相の実在性を全面的に肯定するものである。そしてそうすることにより、同時代のさまざまな唯物論について何がしかの反応を示す哲学としてみなされ、しかも、唯物論を抑圧することで形成され、また、これを抑圧するために形成された哲学としてもみなされうるのだ。

プラトンに対峙するアリストテレスの哲学には唯物論という刻印が押されている。ここでいう唯物論とは、プラトンにおいてそうであったように覆い隠されたものであると同時に、プラトン主義の批判とプラトン主義のさまざまな理念の復権とが関係づけられる限りでアリストテレスの哲学のうちに組み込まれたものでもある。

プラトン主義批判というのは、アリストテレスが「形相理論」批判から出発しているからだ。このような批判はそれ自体、唯物論的な射程を有する。形相の〔質料《マチエール》からの〕「分離」はこれを認めない、形相は普遍である限り私たちの精神のうちに存在する概念に限定される、何よりも生物などの自然界におけるさまざまな

---

（8）種山恭子訳、田中美知太郎・藤沢令夫監修『プラトン全集』第一二巻所収、岩波書店、一九七五年、八四頁。

（9）世界を構成する火、空気、水、土という四種類の元素（原理）は、三角形の組み合わせ（立方体）から説明される。三角形には、正方形の半分である三角形と、二等辺三角形の半分である三角形があるが、それらは組み合わさることによって正多面体を作る。すなわち、土は立方体であり、火は四面体であり、空気は八面体であり、水は二十面体である。

種類の実在については「質料」から現実に分離された「形相」がそれと独立に存在することはないし、「形相」は「質料」のうちに刻印されていると主張する。これらはいずれも、世界は一つしかない、つまり〔イデア界というものはなく〕この世界しかない、と主張することである。そしてとりわけ、この世界のあらゆる実在（「実体」）は個別者であり、その本質的な点は、「質料」に内在する限りでの「形相」に求められるのだから、「魂」についていうなら、それは生きている身体〔という質料に内在する〕「形相」に他ならず、そのようなものとして、身体から分離することはありえない――ちょうど刃とナイフを切り離せないように――と主張することでもある。

アリストテレス哲学におけるこれら「唯物論的な」側面は、プラトン主義による観念論的な要請を維持することと相即しているのは確かだが、アリストテレス哲学の構造を総体的にみれば、この要請のほうが上位にあるということがわかる。そのようなわけで「第一哲学」が肯定される。それは、質料から「分離した実体」つまり純粋な形相に関するもので、「第一哲学」においてこの形相とは、物質的なものをいっさい持たない知性とされる。このような種類の知性――精神とか「能動知性」(10)とか呼ばれる――こそ、思考それ自体のさまざまな作用に説明を与えるために、アリストテレスの霊魂論において、身体の形相としての魂に重ねあわされるものなのだ。自然哲学についても同様である。生成変化を通じてそのうちにありつづける「形相」は、この生成変化にとって決定的な原理となり、個々の存在物《エットル》に固有な完全性を実現することに向けてこの生成変化を方向づける。これはデモクリトスの機械論と対立する目的論である。そして、これら形相の総体は、第一の動者としての神――自分について思考する思考――である至高の形相が持つ完全性を慕い求めることで、運動を与えられる。

もっとも、これら観念論的な主張を唯物論的な傾向性と関連づけることには、矛盾、軋轢、そして難問がついてまわるが、それはそれで、アリストテレス哲学を形成するとともに、結局はその偉大さを立証することになる。ところでアリストテレス哲学という特異な体系のうちにこのような唯物論的な傾向が強くみられるとしたら、その後のアリストテレス学派のうちには早晩この傾向が再登場することになる。そしてそれはおそらく、アリストテレスの直接的な後継者であるテオプラストスについて、あるいはより精確に、テオプラストスの後継者であるランプサコス出身のストラトンについていえることである。しかしストラトン(紀元前四世紀末から三世紀初め)は、もはや別の時代の人物である。

## Ⅳ ヘレニズム期と古代ローマ

古典期以降、唯物論は対立関係にある二つの思想的な流れにおいて提示されることになる。つまり、エピクロス主義とストア主義という二つの主要な哲学である。いずれもヘレニズム初期つまり紀元前四世紀末に成立した。

(10) 西洋哲学史において可能知性という術語と対比的に用いられる。アリストテレスは『霊魂論』第三巻で知性を「すべてをつくるヌース〔知性〕」と「すべてになるヌース」に分けたが、これらに関する解釈において、能動知性と可能知性という術語が用いられるようになった。

## 1　エピクロス主義的原子論

エピクロス（紀元前三四一－紀元前二七〇年）を創始者とする学派と哲学については、とりわけ、エピクロスの偉大な信奉者として〔共和政〕ローマで活躍したルクレティウス（紀元前一世紀前半）の詩編『事物の本性について』のうちに記述されている。

エピクロスによってあらためて取り上げられるのは、古代原子論の一般的な原理である。宇宙（「全」）は、物体と空虚からなり、空虚は無限である。始原的な物体は、分割することも破壊することもできない「原子」であり、これには重さと形がある。一般に原子の接触、衝突、ならびに混合によって、さまざまな複合体が形成される。巨大な集合体である世界は無数にあるが、個々の世界は、無限な空虚のうちに一定の場所を占めており、その個々の世界のうちでは、多種多様な原子の集積体――それが個々の実在を構成する――が、生成、存続、消滅しうるものとしてある。そして魂は、この原子の集積体のうちにふくまれる。神々もまた同様なのだが、神々が位置するのは、宇宙のなかでも世界によって占められていない空間である。エピクロスはそれを「中間界〔ギリシア語ではメタコスミア、ラテン語ではインテルムンディア〕」と呼ぶのだが、エピクロス主義者たちはそのなかにこそ神々が存在するとあまりに厳然と主張するため、彼らにとって中間界は人間とその幸福にとってモデルとしての価値を有するほどである〔神々は、何からも煩わされず、また、何かを煩わすこともなく、この中間界において至福を享受しているから〕。このような倫理学的機能を備えた神学は、伝統的かつ哲学的な宗教、つまり、世界を創造したり組織したりするために世界のうちに、また人間に賞罰を与えるために人間のさまざまな活動のうちに神々を介入させるような宗教に対する批判を相即する。そしてこの批判はルクレティウスにおいてとりわけ辛辣なものとなる。

エピクロス主義において物質的な神々の存在を肯定することは、デモクリトスの場合とくらべて明らかに断乎とした仕方でなされているが、これはエピクロス主義の特色の一つをなす。しかも、エピクロス主義を古代原子論から分かつ特徴のうち少なくとも一つに相当する。この古代原子論に対してエピクロス主義は、二重の方向転換をみせる。つまり、厳格化の方向のみならず弛緩化の方向にもすすむのだ。古代原子論に寄せられたさまざまな難点と批判（運動ならびに倍数をもとに無限につづく分割に関してエレアのゼノンが展開した逆説《パラドクス》〔アリストテレスが『自然学』第六巻第九章で紹介するいわゆる二分割のパラドクスのこと〕、可感的なもの、運動の原因あるいは快楽などに関してプラトン主義者から寄せられた論争とアリストテレス主義者から寄せられた反論）に立ち向かうために、厳格化と体系化を押し進めること。弛緩化というのは、デモクリトスにみられる必然論〔存在するすべてのものはそのあり方が必然的に決定されているとする説〕と独断論を弱めること。それはとりわけ、個別的な事象を説明するさいにそのあり方を規定する原理として、多元的な仮説を重視することのうちに見てとれる。しかも、エピクロスにおいては神学上の言説さえも解釈上の或る種の多元論的な原理に依拠しているのではないかと考えられる。つまり、神々ならびにその存在形式《モード》――神々は実際に存在しているのか、あるいは幻想なのか――について、どのような表象も許容されてしまうのだ。もちろん、神々は自然的なプロセスのうちにいっさい介入せずに、ただ堅固な至福を享受しているという公理とこの表象とが合致する限りで、という留保をつけたうえでのことだが。

エピクロス主義的原子論は世界を描写するにあたり、一般的には無限と限界の巧緻な相互作用に依拠しているといえる。無限の空虚のうちに原子は無数にあり、さまざまな形姿《フォルム》をとるのだが、無数の形姿があるわけではない。無数にあると考察できなくなってしまうからだ。ただし原子は、個々の形姿のなかに無数にある。原子がとる形姿の数に限界があるということはそれ自体、極小〔*minima*〕に関する一般化された理論――それに従えば、実質的には分割不可能な原子（原子を現実的に粉砕することはできない）は、それでも究極の「諸部分」から構成されている、ただし、この諸部分は思考によって区別されうるものであり、また、そうされなければならないものでもあるが、いずれにしても、その諸部分のうちにはもはやいかなる構成物もない――に起因するとともに、質料《マチエール》のみならず、運動、さらには時間、そしておそらく延長そのものまでを射程におさめる体系的な非連続主義にも起因する。無限と限界のこの相互作用のために、実在的なものの構造とそれに関する説明の基盤に関して解消することのできないさまざまな差異が〔エピクロス主義と古代原子論のあいだに〕生ずるが、この相互作用こそが、宇宙の内的な構造化の根拠をなす。そして、内的に構造化された宇宙のうちに、思考あるいは意図に何らかのかたちで似たものが介入することはないのだ。

エピクロス主義における生成変化の描写は、デモクリトスが考察する原子の運動には原因性が欠落しているとするアリストテレス主義から寄せられた反駁に応じようとするものである。それというのもエピクロスは原子の運動に、原子に固有な「重さ」を関連づけているからだ。つまり「重さ」とは、それ以外の原因が由来するところの内的な原因のことなのだが、それにより、無限の空虚――そこでは「上方」と「下方」というのは絶対的方向となる――のなかで原子が自発的に「落ちる」ということが生じる。生成変化に関するこのような描写は、垂直方向にすすむこの自由落下があらゆる原子にとって等速で、しかも無限の速度ではないが最大の速度で生ずるという注目すべき見解に関連づけられる。そしてその結果として、もし原子たちが平行に落下するのであれば互いに接触することはけっしてありえないという事態が帰結する。ただし、原子たちが僅かに逸れるということを原理として同時にたてれば、この原理によって原子たちは不定な時に不定な所で最小の角度をとって垂直方向から離れつつ、その進路を斜めに傾けていくことになり、そうして互いに接触し、その結果として、衝突、跳ね返り、混合などが引き起こされるという事態が生じうる。そして、これら衝突、跳ね返り、混合などのために、エピクロスのうちにデモクリトス的な宇宙観が認められることになる。

前述した逸れであるとか偏りというのは、ルクレティウスとキケロの文書ではクリナメンとして知られているものだが、これをもってすれば、別の次元からの要請に応えることができる。この別の次元とは、実在論という方向に、また、原子論を人間的なものにするという方向にすすむものである。

この要請のうちには、日常世界のさまざまな実在に「慣わし」あるいは「意見」――デモクリトスは日常世界をそれに帰着させていた――よりも堅固な位置づけを与えるということがふくまれる。これに応えるのが、諸事物の「属性」あるいは「永続的属性」（たとえば大きさや形）、ならびに「偶有性」あるいは「境遇的属性」（色や匂いなど）に関する理論である。これらの性質は、それ自体では何かではないが――自足的な本性という仕方であるのは原子と空虚だけだから――、原子によって、また、原子において存在する何かであり、また、認識と行為はそれらに関連づけられる。さらにこの要請に応えるのが、自然学的〔物理学的〕、生物学的、心理学的《ピュシコロジック》、さらには社会学的な現象とプロセスに関して詳細に展開される説明なのだが、エピクロス主義はこの説明を原子論的観点に立脚する機械論的表現をもって行なおうとする。こうして彼らは、ごく普通の人間的な経験に見向きもせずにこれを無意味なものとして打ち捨てる代わりに、この経験と同一平面にある哲学を組み立てようとするのだ。

デモクリトスの絶対的な必然論に対してエピクロス主義がみせた反発は、原子論的な唯物論を人間的なものにしようとする思いにまさしく応えるものである。自然の偶然性（「多元的な説明」に関する理論）、そしてとりわけ人間の自由について、このような反発がみられる。クリナメンに関する記述のうち、すでに指摘した〔これに関する〕自然学的な観点からの正当化の手続きのかたわらでとりわけ明示的に言及されるのは、この人間の自由についてなのである。クリナメンに関するこの道徳論的な観点からの正当化の手続きは、デモクリトスから引き継いだものにソクラテスからのものを組み込みつつ、良心の闘いと良心の導きが繰り広げられる〔人間の〕内面性に重要な意味を持たせようとするエピクロス主義的な道徳論の核心に合致するものである。

それでもこの道徳論は、唯物論的な基層のうえにあるといえる。この道徳論において行動原理をなすのは、快楽の追求と苦痛の忌避だからである。快楽も苦痛も、肯定的あるいは否定的な「変様」——それは、人間が自分の組成とその周囲に対して、「身体」と同様に「魂」のうちで取り結ぶ実質的な関係を意味する——として、第一義的には自然学的な観点からとらえられる。したがって快楽だけが唯一の実在的な善であり、苦痛だけがそのような悪となる。そして快楽と苦痛だけが、どのような帰結がもたらされるにせよ行為を選択するさいの、けっして荒削りではないさまざまな規則が最終的には関連づけられるところの基準をなすのである。そして、欲望が自然なものであるか否かについて、行為と行為の関係、行為と時間や状況などとの関係について考察することで、エピクロス主義者は前述した原理から、このさまざまな規則を引き出す。最後にこの行動原理には、人々のあいだで確認され、ついで追求されるような、自分と相手に資する繋《つな》がりのうえに、個人主義的な観点から基礎づけられた社会的かつ政治的な考察も結びつけられる。しかもこの繋《つな》がりは、ルクレティウスがその詩編の第五巻で、デモクリトスに由来する図式をあらためて取り上げながら描写しているような展開を経て、契約を基礎とした共同体の形成へと行きつくのである。(11)なるほどこの唯物論的体系あるいはむしろ反‐体系においては、無限の重視、存在物《エットル》のうちに導入された徹底した非連続性、ならびにクリナメンというものにその顕現が認められる偶然性のために、思考によって存在物を全体化するということが全面的に禁じられる。しかしいずれにしても、この唯物論的体系ないし反‐体系は、それに固有な仕方で整合性のとれた厳密な思考であり、究極的には、ストア主義者が主張する唯物論的な連続主義のうちに見いだされる別の種類の思考と対立するのである。

## 2　ストア主義的唯物論

紀元前三〇〇年にキティオン出身のゼノンによって創設され、紀元前三世紀末にソロイ出身のクリュシッポスを第二の創設者とするストア主義――柱廊の人々（開祖ゼノンがアテネの広場にあった公共の会堂「彩色柱廊」（ス

(11)「それゆえ、王たちが殺されると昔からの玉座の権威と／高貴な笏とは、地になげすてられ／君主の頭上の輝く王冠は血にまみれ／民衆の足の下に踏まれて大なる栄誉の消えうせたのを嘆いた。／なぜなら、昔ひどく怖れられたものほど、それだけ激しく踏みにじられるのだから。／こうして、ものごとは、どん底と混乱とに返った、なぜなら／誰も彼もが、最高の地位と権力とを手に入れようとしたのだから。／それからある人々が、長官をおき、契約をたて／法律を用いることを教えた。／なぜなら人類は、力ずくで世を渡るのに疲れはて、／敵意のためにやつれたのだから、それゆえなおのこと／すすんで、法律ときびしい契約の下に身を投じた」（藤沢令夫・岩田義一ほか訳『ウェルギリウス／ルクレティウス』、『世界古典文学全集』第二一巻所収、筑摩書房、一九六五年、四〇一頁）。

トア・ポイキレ）で教えたため、その弟子たちはこのように呼ばれる」――はとりわけ、紀元後一世紀から二世紀にかけて活躍したセネカというローマ人、ならびにエピクテトスと皇帝マルクス・アウレリウスというギリシア人で有名である。その歴史は、エピクロス主義と或る意味で並行関係にあり、非常に早い時期からその競合者にして敵対者とみなされてきた。

ストア主義とエピクロス主義の対立点は、少なくとも本書の主題に関する限り、彼らの発想の仕方にあるといえるだろう。ここでストア主義者がソクラテス以前の思想家たちのなかからモデルとして取り上げるのは、デモクリトス――さまざまな現われの背後にあってこれを支えるものの単純さとくらべて、この現われがみせる多様さを笑い飛ばす人――ではなく、この現われが消え去ってしまうことを嘆く人、つまり、エペソス出身のヘラクレイトスである。ただしストア主義的な発想に近しいものとしては、最古期のギリシア思想に加えて、東方の知識人たちの神話的かつ宗教的な思想の流れを挙げることができる。さらに、ストア主義的な唯物論に関連づけられる学問については――もし学問と呼ばれるものがあるとするなら――それは数学でも、むき出しの物体に関する「自然学」でもなく、むしろ医学上のさまざまな伝統であり、また、生物学上の考察である。

ストア主義者の自然学上のさまざまな原理には、たしかに唯物論的なところがある。彼らにとって「万物は物体である」し、この主張はまた、二つの相補的な原理のそれぞれについても当てはまるからだ。つまり「受動者」（あるいはアリストテレス的な意味での「マチエール《エットル》〔質料のこと〕」）と「能動者」（あるいは原因）という原理だが、ストア主義者によれば、あらゆる存在物はこの両者に振り分けられる。そして「受動者」と「能動者」はともに物体であるとされ、「非物体的な」ものはいずれも自足的な存在物とはされない。ストア主義では、実在について四つの「範疇《カテゴリー》」が適用されるが、それらは「基体《シュブスタンス》」、「性質」、「状態」、そして「何かとの関係における状態」である。本来的な意味での存在物は前二者だけで、それぞれ受動者（基体）と能動者（つまり性質のことで、それは基体に作用し、形相を与え、個体化させる）に対応する。そうすると後二者が「非物体的なもの」に相当するわけだが、いずれも物体によってのみ、また物体においてのみ実在性を持つ。そして非物体的なものは、物体を取り囲む、或る意味では抽象的な状況設定《コンディシオン》となる。つまり、空虚[12]、場所、そして時間という場合である。あるいは、物体から帰結するところのものにもなる。それは、「非物体的なもの」が「表示されるもの〔レクトン〕」[13]、命題、そして〔命題における〕述部であるという場合である。

（12）ストア主義者によれば、宇宙のうちには空虚はふくまれないが、その外には無限の空虚が広がっているという（H. von Arnim (ed.), *Stoicorum veterum fragmenta*, II 543）。外側に空虚があるという考えは、古代ギリシアにおいて例外的で、ストア主義に特徴的である。ただし、ストア主義者が考察する空虚は、原子論者が考察するそれと同一ではない。エピクロスは「空虚」と「場所（トポス）」を互換的に用いているが、ストア主義者ははっきりと区別している。クリュシッポスは、場所とは存在によって占められうるものであって、しかも実際に占められているものだという考えを示し、空虚を空の容器にたとえ、場所は満たされた容器になぞらえているのである（*Ibid.*, II 503）。

（13）ストア主義者によれば、言葉は「表示するもの（セーマイノン）」と「表示されるもの（セーマイノメノン）」に区別される。前者は、意味内容を伝達する媒体としての言葉であり、「音声（フォネー）」や分節化された音声である「言葉（レクシス）」がふくまれる。後者は、言葉によって表現される意味内容であり、これをストア主義者たちは「レクトン」と呼んだ。レクトンは「完備している」か「不完備」であるかの相違がある。前者は、命題や推論など文のかたちをしたレクトンであり、後者は、単独に言い表わされたレクトン、つまり概念である。そして、概念のなかでも最高位にあるものが「範疇（カテゴリア）」であるとされる。

しかもそれらは人間の発話行為において物体から切り離すことができるが、それはこれらが物体の「状態」にすぎないからなのである。最後に、要素（火、空気、水、土）とそれぞれに対応する性質（熱、乾、湿、冷）に関する理論は、前述してきた原理を具体的に表現するものでしかない。実在の総体は、これらの元素と性質の組み合わせであり、そこでは、熱い火と乾いた空気という最も能動的なものが「気息」（プネウマ）として混ぜ合わされ、受動的な元素である冷たい土と湿った水はその組成と力に与るのだ。

これら前述してきた原理からは、さまざまな逆説が導かれる。プラトンは大地から生まれた息子たちをしてこの逆説を前に後ずさりさせたわけだが、ストア主義者は、むしろこの逆説を断乎として支持する。つまり、魂は――それは動物に固有な「気息」である――物体であるのみならず、学問や真理が物体であるように、さまざまな徳それ自体も能動的な性質である限りで、物体とされるのだ。そして宇宙は、大きな物体であるのみならず、その外には何も存在しないような全である限りで神的なものであり、こうして神そのものが物体とされるのである。

つまり、或る種の物質主義《マテリアリスム》、あるいは物体性主義《コルポレイスム》、さらには物体主義《コルポラリスム》と同時に、或る種の力本説《ディナミスム》と生気論《ヴィタリスム》が問題となっている。ここで同時にというのは、この唯物論《マテリアリスム》の特徴が何よりもその連続主義にあるためである。そして連続という観念は、端的にいって自然学的な意味でのそれである。あらゆる物体は、別の物体の全体と完全に混じり合って「全体的融合〔通全融合〕」を形成しうるのだが、そのなかでは、どちらかに属するような、分割された「諸部分」はもはや存在しない。つまりそれは、最小のもの（たとえば一滴のワイン）が最大のもの（たとえば大海）に緊密な仕方で混ざり合うような、まったき連続体なのである。ところで、このような描像は、生成変化のあらゆるプロセスならびに宇宙それ自体について記述するうえでモデルとして役立つ。それぞれの事物が統一性を保っているのは、「気息」のおかげである。この気息はどれほど極細であろうと、緊張力、ならびに、その組成（空気、そしてとりわけ火）のために気息のうちに備わっている、緊張を孕《はら》んだ運動によって、その密着性と凝縮性を事物に与える。こうして、身体にとって魂は、この種の気息に相当することになる。世界についていえば、それはみずからの統一性と凝縮性を火に与っており、火は世界のすみずみまでその緊張力をもって行きわたっている。この火こそが、ヘラクレイトスがそう考えたように、ロゴスつまり理性であり、その限りで神に他ならない。そうであるなら、ストア主義者たちがやはりソクラテス以前の思想家から引き継いだ永劫回帰説において述べられているように、宇宙を焼きつくす「大火」に際して宇宙が周期的に立ち帰るところは、まさしく神であり、世界が冷却してあらためて秩序づけられることでそこから生成するところは、やはり神だということになる。(14) これは何といっても唯物論的なプロセスなのだが、しかし、神という物体つまり物体としての神と宇宙という物体とのあいだには、いちおうの区別が設けられている。

連続性、密着性、凝縮性、緊張力、そして緊張ないし活力を孕《はら》んだ運動という、これら主要な観念のために、さらに、個別の存在物《エットル》とその集合体の統一性に関する力本説的な描像のために、「有機的全体性」（V・ゴルドシュミット）という観念が前景に押し出される。しかし、この観念と描像は、この種の唯物論の限界ある

（14）この永劫回帰の説から、ストア主義の徹底した宿命論が導かれる。周期的な宇宙火災を経た宇宙は、以前と同様に生成する。それは「ソクラテスやプラトンといった、それぞれの人間が、同じ友人たちや市民たちとともに現われ、同じ目に遭い、同じことを行なう」（H. von Arnim (ed.), *Stoicorum veterum fragmenta*, II 625）というほどである。

いはむしろ曖昧さの原因でもある。というのもこの学説は、当初のところ一元論的であったのに、その後は、能動者と受動者、物体的なものと非物体的なもの、受動的質料と能動的気息、身体と魂、神と世界といった、一連の二元論のもとで展開していくと思われるからだ。しかも、このような二元論の可能性ですら、かの連続性という観念のうちに根を張っている。この連続性は、どちらに進むかその方向が定められ、〔価値中立的ではなく〕何らかの価値を付与されたものとしてのそれであり、序列化を導入するものとしてのそれだが（土に対して火がそうであるように、身体に対して魂がそうであるように、能動者は受動者よりも高位にある）、このような連続性のためにあらゆる反転が可能になってしまうのである。ただしそれは、やはり同様に思考のうちにも認められる連続性のために、一方の極から他方の極へと移行することが気づかれずに生じてしまうという限りにおいてである。その結果、二面性を持った実在と概念があらゆるところでその姿を現わすことになる。実在と概念に関するストア主義者のこのような主張は、明らかに多義性を容認するものだ。たとえば、ロゴスという術語が多義的である。それは、声という形式をとって身体から発せられた魂の物質的な実在（言葉《ディスクール》という意味でのロゴス）を意味するのみならず、この声のうちに表現される人間の理性、さらには、宇宙を統べる理法としての普遍的な理性も意味するからだ。この理法にしてもやはり多義的である。火が有する物質的な特徴を備えることがありうるのと同様に、神的な理性が有する精神的あるいは知性的な特徴を備えることもありうるからだ。しかもストア主義的な道徳論の原理が基礎づけられるのは、この同じ種類の反転においてである。この原理によれば、私たちの誕生時に最初に持たれるさまざまな性向から出発して、善——行為の理性的な一貫性だけが善とされる(15)——という観念が志向される。そしてそれは、有機体とこれを取り囲む環境の〔それぞれのロゴスに関する〕一致としてなされるのだ。この道徳論はストア主義の体系のなかでもとりわけ注目に値する部分であるが、それによれば、私たちをこの場所に引き留めておくべき理由はない。というのも、この道徳論は基本的に観念論の領域にあるからで、そこでは、唯物論的一元論から二元論と唯心論にむかう典型的な反転が生ずるのである。

　しかしながら、前述してきた曖昧さと反転をもってストア主義を唯物論の歴史から除外しようとすることは危険だし、また、そうしてしまっては唯物論と観念論の両方が分断されてしまうだろう。このような除外は、唯物論的な学説の多くが少なくともその幾つかの主張ならびに側面をストア主義から譲り受けているだけに、とても残念なことである。また、ストア主義が多かれ少なかれ直接的な源泉となっているというのは、その唯物論的な側面がそれ自体はけっして唯物論的とはいえない思想の流れを介して伝えられていく、ということを指摘すべきだと思われるからだ。何よりもまず新プラトン主義があり、さらに、それとともに、あるいはそのかたわらにあるグノーシス主義的、秘教的《エソテリック》、隠秘的《オカルティック》、あるいは神秘的《ミスティック》な伝統が挙げられる。このような伝統は、ライプニッツのような唯心論的形而上学がそうするのと同様に、ストア主義の遺産のなかでもよく知られた部分を引き継いでいる。そうであるなら、ストア主義のうちに潜在的にふくまれている唯物論が突如その姿をみせるということは十分にありうる。それはたとえば、十六世紀であれば、錬金術的な思想あるいはブルーノのような哲学が展開されることのうちに、十八世紀であれば、当時の唯物論の力本説的で生気論的な特徴のうちに、それぞれ確認されうるのだ。そしてそれは、私たちの時代により近いところで

（15）ストア主義者クレアンテスは、この合致を「自然と一致して生きる」と表現した。

も生じうることなのである。

一般的にいってストア主義のうちには、唯物論の一つの形式、あるいはそういってよければ極地のようなものの真正な典型例をみてしかるべきである。極地というのは、連続主義的、力本説的、生気論的な極地であり、これは、デモクリトスとエピクロスが主張した原子論の標準である機械論的かつ非連続主義的な形式のもとにある極地と対立するし、また、これと相即するものである。しかし、唯物論は往々にしてこの後者の形式に誤って還元されようとしてきた。その反対にここで強調すべきなのは、古代哲学を総括してみればわかるように、数多くの学説のうちに多かれ少なかれ潜在的にひそむ唯物論的な考察が展開されることで、あるいはそのような唯物論的な側面を介して、また、明らかに唯物論的といえるさまざまな体系の構築を通じて、数多くの概念、主張、そして論証が確立され、さらには、その後の唯物論の歴史をつくる対立点も提示されるほどに古代哲学は豊かなものであった、ということなのである。

# 第二章　近代における唯物論

## I　古代から近代へ

唯物論的な体系は中世において、忌避されたか、無視されたか、あるいは抑圧された。たとえば、エピクロス主義はまったく知られていなかったというに等しい。哲学的な学説として、ストア主義がエピクロス主義よりまだましな状況にあったわけでもない。中世においてもし唯物論が見いだされるとすれば、それは当時の支配的な思潮――それはすぐれて宗教的なものであったけれども、唯物論的な要素が消え去ることはなかったので、その陰画として生じた不信心という反応もそこにはふくまれる――のうちに、別の特徴を持ったさまざまな学説が組み込まれたということである。唯物論的な要素としてここで念頭におかれているのはストア主義に由来するものであり、それは初期キリスト教思想のうちに認められる。たとえばテルトゥリアヌスは、魂と神は物体的なものであると主張した。さらにギリシア語による哲学関係あるいは医学関係の著作の内容が伝達されたり翻訳されたりすることで、原子論的描像がキリスト教思想と同様にイスラーム思想のうちに繰り返し現われることになる。しかし基本となるのは、アリストテレス主義の伝統とその著作群のうちに見いだされる主題であり、とりわけアリストテレスの注釈家たちが取り上げて展開したものである。

たとえば、ギリシア人注釈家であるアフロディシアス出身のアレクサンドロスは、「能動知性」〔というアリストテレスの概念〕のうちに永遠なものとしてあるのは神を措いて他にないとして、[1]人間の魂の不死性を否定しているし、アヴェロエス[2]のようなアラブ人注釈家もまた、普遍的な知性のために魂の個別的な不死性を否定している。

そこから導かれるのは、神学的な正統教義に対立するさまざまな主張である。つまり、世界は永遠である、神による天地創造は不可能である、人間の魂は可滅的であるといった主張がこれにあたる。これらは「ラテン・アヴェロエス主義」のなかでも最も破壊的な主張であり、十三世紀半ば以降の自由学芸部のなかで展開されていった。この〔正統教義からすれば〕不敬虔な立場の信奉者によると、自分たちの立場だけがアリストテレス主義という純粋な哲学によって支持できるが、神学部に所属していたその敵対者〔たとえばトマス・アクィナス〕は、いわゆる「二重真理説」という画材を持ち出してこの立場のことを描き出した。それによれば、信仰に基づく神学的真理は、理性に基づく哲学的真理に対立する、そして理性は信仰と矛盾するが、信仰におとらず権威を有する……。この思想家たちの見解が当時どのような意味を実際に持っていたにしても、彼らが「哲学」において支持したさまざまな主張は、唯物論に関する思想史にとってきわめて重要な中継地をなすものといえる。

存在論に関してより一般的な観点からいうなら、やはりアリストテレスの哲学がプラトン主義を批判しつつ、「普遍〔普遍的なもの〕」に関する論争を引き起こした。この論争のなかで、とりわけオッカム出身のウィリアム（十四世紀前半）とその弟子たちによって知られる「唯名論的な」立場が打ち出されるようになった。ここでは、神の全能に関する神学上の原理、ならびに必要もなく存在物《エットル》を増やすことを禁ずる論理学上の原理が、プラトン主義的なイデアに相当するあらゆるものの排除を目指して団結する。つまり、普遍的なものについていえば、それは、記号、単語、あるいは名辞《テルム》に還元されるため、魂はこれを手段とすることでさまざまな個物の複数性を対象とする〔つまり、普遍的なものは多くのものに述語づけられる〕。また〔個物と個物のあいだの〕関係については、個物から離れたところで実在性を持つことはないとされ、本質については、思考上は実存〔existence〕から区別されるが、それ以外の仕方で区別されることはないとされる。さらに自然の秩序については、神の決定に直接に依拠するとされるのである。これら理念的なものを破棄するのと同様に、哲学と神学を分離しようとするオッカム思想の意図はその後の展開を経ることで、自然と自然に関する学問は〔神学に対して〕自立的なあり方をしているという理解を古典主義時代〔十七世紀のこと〕に準備することになる。その限りで唯名論は、その後の唯物論的なさまざまな立場に帰着する要素を内包しているといえるのだ。

この観点からすればルネサンスは、何よりもまず中世の延長線上にあるものとして理解されなければならない。ルネサンスの中心地はイタリアであり、アヴェロエス主義の系譜は「パドヴァ学派」を形成してイタリアに浸透し発展をとげた。アヴェロエス主義者はパドヴァで医学上のさまざまな伝統にふたたび触れるこ

(1) アフロディシアス出身のアレクサンドロスは、アリストテレスにおける能動知性を神的なものとみなす。人間の知性は、神からの働きかけを待って初めて作用する単なる受動的なものとされる。

(2) イブン・ルシュド(一一二六―九八年)のラテン名。スペイン生まれのアラブ系哲学者。アリストテレスのすぐれた注釈家として知られ、スコラ哲学にも多大な影響を与えた。その知性単一説によれば、能動知性だけが唯一永遠に不滅であって、個人はその永遠的要素をこれに還元させつつ身体の死とともに消滅する。トマス・アクィナスがこの説を反駁した。

とになったが、そこでは、近代の幕開けに「自由思想《リベルタン》」[3]と呼ばれる思想的な流れを生むことになるさまざまな考えが蓄積されていった。つまり、世界の永遠性を主張するアリストテレス的な思想をもって天地創造という概念を批判し、また、魂の不死性という概念を批判すること、あるいは少なくともこれらの概念の根拠となる論証を批判すること、さらには超自然的なものを批判することであるが、このような批判はとりわけ十六世紀ではピエトロ・ポンポナッツィ[4]の著作のうちに、その後はチェーザレ・クレモニーニ[5]の教説のうちにみられる。

　中世から引き継がれた〔アヴェロエス主義以外の〕さまざまな思想も、それ自体はむしろルネサンスの思潮に固有と思われる特徴のうちに組み込まれていく。具体的には、エピクロス主義などの抑圧された哲学が回帰すること、ストア主義が学説として展開され、また、この学説が伝えるさまざまな概念《イデー》が詳説されること、さらに、ルネサンスの典型例である新プラトン主義のうちに、それ自体はストア主義の寄与分である汎神論的な諸要素が見いだされることである。

　イタリアの思想家たちが構築した自然哲学は、その主要な方向性の幾つかを前述した古代の思想の系譜の延長線上に定めている。具体的には、「自然」という統一体――その権能と境界は途方もないことは確かだが――のうちに〔学問上の〕解明と〔日常生活上の〕行動のためのさまざまな原理をすべて吸収させる内在主義であり、また、宇宙に関する伝統的な描像のうちに見いだされるさまざまな限界を破砕する無限主義である。これらの方向性は、ジョルダーノ・ブルーノ（一五四八－一六〇〇年）の哲学における唯物論にいっそう近づいた汎神論へと行きつくが、このブルーノの哲学は、コペルニクスの体系に由来する科学的な新しい世界観に依拠しつつ、宇宙を無限なものとして描き出すこと――つまり、無数にある世界のなかの或る特定の世界を構成する諸部分に他ならない人間と大地は、場所としても尊厳[6]としても、ということは、神による天地創造における中心としてもその対象としても、あらゆる特権を消失する——を提唱するものである。[7] そして、この不敬虔な宇宙像のために、ブルーノは火刑に処せられることになったのである。

---

（3）リベルタン（libertin）というフランス語は、十八世紀であれば誘惑者カザノヴァという実在の人物やサド侯爵の創作した架空の人物のうちに認められるとおり、行為において自由に振る舞うことを意味する。しかし十七世紀においては、常識や通念と同様にあまねく受け容れられた道徳的・政治的・宗教的な規範に囚われずに、文献的博識《エリュディシオン》に立脚した批判的精神を発動させて、思想的に自由であることを意味していた。具体的には、懐疑論、唯物論、無神論といった思想的立場である。代表的な思想家としては、デュピュイ兄弟を中心とした人文学者の集団が挙げられる。彼らは、モンテーニュやシャロンの懐疑論から出発して、霊魂不死や神の存在までを懐疑の俎上に載せるとともに、宗教は為政者の人民籠絡の手段であるというマキャベリ流の考えを展開した。その他には、宰相マザランの司書を務めたガブリエル・ノーデ（一六〇〇―五三年）や、ルイ十四世の弟フィリップ・ド・フランス（一六四〇―一七〇一年）の家庭教師を務めたフランソワ・ド・ラ・モット・ル・ヴァイエ（一五八三／八八―一六七二年）などがいる。

（4）パドヴァ大学とボローニャ大学で哲学を教鞭。激しい論争を巻き起こした一五一六年刊行の主著『魂の不死について』で、理性が証明しうるのは魂の可滅性のみであるとした。その不死は信仰箇条でしかないのである。

（5）十六世紀後半から十七世紀前半にかけてパドヴァ大学で活躍したアリストテレス主義者。ガリレオ・ガリレイと論争したことで知られる。

（6）人間の「尊厳（dignité）」が思想史において本格的に前景に迫り出してくるのは、イタリア・ルネサンスの哲学者ピコ・デッラ・ミランドラ（一四六三―九四年）の著作『人間の尊厳について』（大出哲・阿部包・伊藤博明訳、国文社、一九八五年）においてであり、ブルーノもその思想の影響圏にあったと考えられている。

（7）ブルーノの代表作『無限、宇宙および諸世界について』（清水純一訳、岩波文庫、一九八二年）を参照のこと。

しかし、ルネサンスの思想が生み出した最も大胆な哲学であるブルーノの哲学をふくめ、唯物論は少なくとも曖昧さを残し、そこで使用されるさまざまな術語と概念の体系のせいで、唯物論における根本的な問いに対し決着を付けられないでいた。それは、神と自然のあいだには断絶と相違があるのか否か、つまり、質料《マチエール》と形相のあいだ、物質《マチエール》と精神のあいだには、解消しえない断絶と相違があるのか否か、という問いである。これらの問いがより明確な輪郭をもって——そのおかげで、唯物論という概念と術語が出現するわけだが——提示されるためには、まさしく古典主義時代に概念の領野に施された変更を待たなければならないことはすでに指摘したとおりである。

# II　十七世紀の唯物論と機械論

## 1　機械論の時代

さきに言及した変更とは、まず何よりも機械論によるものである。十七世紀前半の革新的な思潮の主要なものは機械論を特色とし、この時代に唯物論は機械論と一致団結したのである。機械論を最も広い意味でとれば、プロセスの総体を物質の運動——もっぱら「場所的運動」(空間における移動)として解された運動——によって説明することだが、それは、コペルニクスの天文学とともに始まり、また、ガリレオの力学《メカニック》によってその最初の概念的かつ方法論的な基礎づけが与えられた新科学に由来する、世界の概念的な把握である。十七世紀における最も有名な三つの哲学の共通点がこの機械論なのである。

A）ガッサンディと原子論

ガッサンディ（一五九二－一六五五年）は、生年でいえばホッブズ（一五八八－一六七九年）とデカルト（一五九六－一六五〇年）のあいだに挟まれているが、その思想の形成期ならびに特徴からいえば、最も古い世代に属する。ガッサンディは多くの点で、人文主義と〔古典古代の〕文芸の復興という特徴を持つルネサンスの伝統下にあるといえるが、それは、彼の最も近しい友人をふくむ人物たちの場合と同様である。この人物たちのことをルネ・パンタールは「博識の自由思想家《リベルタン》」と呼んでいるが（*Le libertinage érudit dans la première moitié du XVII*$^{e}$ *siècle*, Paris, 1943, 1983$^{2}$）、彼らはたとえばガブリエル・ノーデ[8]のようにパドヴァ学派の伝統を継承することで、その後の時代の唯物論を用意するのに重要な役割を果たした。

ガッサンディの思想はしたがって、懐疑主義的な色調を帯びつつ、〔さまざまな文献に依拠した〕該博な知識を基盤にして、アリストテレス＝スコラ主義的な形而上学とデカルト主義的なそれにみられる独断主義を批判するという体裁をまずとった（前者については一六二四年の『アリストテレス主義者論駁〔*Exercitationes paradoxicae adversus Aristoteleos*〕』において、後者については一六四四年の『形而上学的論究〔*Disquisitio metaphysica*〕』において）。ついで、やはり該博な知識を基盤にしつつ、再興、改変、適用という処理の施されたエピ

---

（8）一六〇〇年生。宰相マザラン、バーニョ枢機卿（ヴァティカン教皇庁の駐仏大使）の秘書官。王立図書館員。一六三一年から四二年にかけてイタリアに滞在、パドヴァでクレモニーニに師事、ローマで『クーデターに関する政治的考察』（一六三九年）を地下出版。一六五三年没。

クロス主義を支持するという体裁をとった。この立場の表明は、多くの変更を経て死後出版された『哲学集成〔*Syntagma philosophicum*〕』という書物に結実する。とはいえ彼の思想は、諸科学と堅固な関係を取り結んでもいる。それは一方で天文学であり、ガッサンディはその卓越した専門家であった。他方では新しい力学《メカニック》が挙げられるが、ガッサンディは、一六四〇年代に刊行された一連の小論文のなかでそれを支持する立場を打ち出し、また喧伝するということをした。このような思索のうちには唯物論的要素を見いだすことができるが、それはいずれもこの思索における〔懐疑主義、エピクロス主義、天文学、そして力学という〕さまざまな側面に組み込まれているのである。

　未完の著作である『アリストテレス主義者論駁』のなかで目にとまるのは、唯名論的思索だろう。この唯名論は執筆済みの部分では、伝統的な形而上学を構成してきたさまざまな実質（本質、永遠真理、範疇《カテゴリー》など）、ならびに自然学《フィジック》と超《メタ》‐自然学《フィジック》〔形而上学〕に関連するさまざまな論点に対するオーソドックスな批判として機能している。なお、『アリストテレス主義者論駁』の序文で言及されているのは、質料と形相（後者は前者から派生しうる）、空間（創造されたのではない）、世界（それは永遠でありうる）、魂（人間の魂と同様に動物の魂について）といった論点である。『形而上学的論究』のほうは、思考が物質の単なる属性でありうるという可能性を、デカルトがいうコギトとデカルトがそこから引き出す帰結にぶつけるものである。それと同時に、デカルトが提示する神の存在証明を批判すべくガッサンディが依拠するのは、私たちは無限について真正な観念を持ちえない――ガッサンディによればだが――という不可能性に加えて、私たちのうちに現存する神の観念については、自由思想家のやり方にならいつつ、自然的な〔つまり超‐自然的ではない〕方途（心理学的説明、政治学的説明、またそれ以外の説明だが、たとえば、私たちが神々というものを作り出したり持ちつづけたりしているのは、権力者を怖れるからだし、またその利益を確保するためである）によって説明しうるという可能性である。

ガッサンディの唯物論――唯物論というものが本当にあればだが――の特徴は、より実証的《ポジティフ》〔肯定的〕な、とはいえ独断的ではない体裁のもとで、エピクロスの原子論があらためて取り上げられる、というところにある。もちろんこの原子論はガッサンディにおいて、実証主義には程遠い仕方で、適当な仮説としてしか持ち出されていない。とはいえ、世界について実効的な説明を与えようとするなら、あたかもこの仮説は、修正なしにというわけにはいかないが、それでも留保なしに受け容れられてしまうかのようである。

エピクロスとルクレティウスにおいてそうであったように、原子論的な自然学はあらゆる事物と〔生成変化の〕あらゆるプロセスを、原子、その運動、そしてその集合体によって説明するものである。しかし、ガッサンディはいっそうの精確を期すために、概念と理論を精密にする、あるいは精錬するということをしている。実体的形相(9)というスコラ的な観念を退けて、形相を原子状の質料がとる存在形式に、あるいはさまざまな原子からなる一定の集合体に還元するという可能性を強調しているからだ。ガッサンディによれば無限の空間と時間は、実在的ではあるが創造されたものではない実質として〔それ自体は〕「実体」でも「属性」でもないが、すべての実体と属性が存在するための枠組みあるいは条件として概念化されている。しかもガッ

（9）スコラ哲学の用語。事物の本質そのもの、あるいは本質を構成する部分を意味する。プラトンやアリストテレス以来の議論において、事物は質料と形相からなるとされるが、その形相は実体的なものと付帯的なものとに分けられる。付帯的形相が質と量にかかわる変化をもたらすのに対して、実体的形相は事物の生成消滅という変化を引き起こす。

サンディは、エピクロス主義に対抗して、あらゆる方向にむかって生ずる原子の自発的な運動というデモクリトス的な考えに逆戻りし、かつ、原子の「重さ」（ラテン語でグラウィタス〔*gravitas*〕という）を「生得的運動性」と読み替える。そしてこの「生得的運動性」によって、新しい力学のさまざまな法則が説明され、また、原子の「能動的質料」が世界のあらゆる運動の自然学《フィジック》〔物理学〕的原因とみなされるようになる。このような自然学〔物理学〕のうえにガッサンディは、分子化学、生物学、さらに心理学――「炎としての魂」つまり「物質の精髄」をかたちづくる原子の運動によって、生命と思考のあらゆるプロセスが、あるいは少なくも想像作用のプロセスが説明される――の基礎を置こうとするのである。

　このように古代原子論を精錬する試みは、自然学的唯物論の方向に進むものだが、実際は宗教上の公認教義と並立可能なように制限を受けることで釣り合いのとれたものになる。現実世界の有限性を認めることで、〔神による〕創造という教義の維持が可能になる。有限個の原子は、その運動とともに創造され、かつ、そうであることが、その後に原子がとるさまざまな展開の条件になるのだ。さらに、唯物論的心理学――動物に関するのみならず、人間の心理活動のなかでも下位に属する機能に関する心理学――のかたわらに、非物質的な知性に関する心理学がならぶ〔とりわけ『哲学集成』において〕。後者の心理学によって、人間に固有な思考のさまざまな作用が説明され、かつ、〔魂の〕不滅に関する教義が正当化されることになる〔知性は非物質的であるから可滅的ではない〕。最後に、神の存在に対する信仰は、宇宙の目的論的な描像に依拠する。しかしこの描像は、モリエールが『ドン・ジュアン』の有名な場面〔第三幕第一場〕でスガナレルに言わせた滑稽な台詞[10]をもって揶揄したところのものなのだが……。

　とはいえ、ガッサンディ哲学のうちにふくまれる唯物論的な諸要素は、その幾人かの後継者たちによって展開されることになる。とりわけシラノ・ド・ベルジュラック(11)のことが念頭にあるのだが、その空想小説『別世界または日月両世界の諸国諸帝国』(12)には、世界の新たな見方に関する最も大胆な主張からなる一連の哲学的言説(13)がふくまれている。最後に付言するなら、二十世紀までは〔シラノの友人にして僧職にあったル・ブレの手に

---

(10) スガナレルは「私たちが見ているこの世界はキノコみたいにひと晩のうちに勝手に生えてきたものじゃないってことくらいよくわかっているんです。ちょっとお聞きしますがね、誰がこの木々を作ったんでしょうね？ この岩は、この土は、それからあの空は、誰が作ったんでしょうね？ ああいうものはみんなひとりでにできたと思っていらっしゃるんですか？ たとえば、ドン・ジュアンさまはご自分で自分を作られたんですか？ そうじゃなくて、お父さまがお母さまを孕ませて、ドン・ジュアンさまが生まれたんでしょう？ 人間を作っている機械の仕組みという仕組みを見れば、どんな具合にお互いが組み合わされているかに驚かずにはおれませんよ」（廣田昌義・秋山伸子訳『モリエール全集』第四巻所収、臨川書店、二〇〇〇年、三三九頁）と発言している。

(11) 一六一九年パリ生。最初は軍隊生活を送っていたが、負傷の後に著述活動に入り、喜劇『衒学者愚弄』や悲劇『アグリピーヌの死』を著わす。パリではガッサンディの講義に出席し、そこで、フランソワ・ベルニエやモリエールなどの知己を得る。一六五五年没。

(12) 『月の諸国諸帝国』と『太陽の諸国諸帝国』の二つからなる。前者は、一六四八年から執筆が開始され、おそらく一六五〇年に完成したと考えられている。後者は、一六五〇年以降に執筆が開始されたと考えられているが、詳細はわかっていない。日本語訳は赤木昭三により、二〇〇五年に『日月両世界旅行記』の題名のもと岩波文庫として出版された。

(13) シラノが批判する論点は以下の通りである。一、天動説ならびにこれに支えられてきたキリスト教的な人間中心主義、二、キリスト教が教える神による世界の創造と神の摂理、三、人間の魂の精神性と不死性。神の存在については、『別世界または日月両世界の諸国諸帝国』の登場人物である「宿の主人の息子」がこれを明確に否定しているが、著者シラノ本人がどこまで無神論的見解を持っていたかについては諸説ある。

より〕大幅な削除を施された版でしか知られていなかったシラノの著作〔『月の諸国諸帝国』の場合〕がまさしくそうであったように、ガッサンディの著作が有する唯物論的な影響力もまた、自由思想を掲げるその友人たちの著作と同様に、部分的には地下文書という形式のもとで伝えられていくのである。

B）デカルトの機械論

デカルトの哲学がたしかに唯物論ではないことはその全体像をみればわかることだし、重心がそこに置かれていないこともたしかだ。むしろその特徴は、数学主義——デカルトにとって哲学というものの認識論上のモデルをなす——、この数学主義から導き出される方法、そして、この方法によって打ち立てられる形而上学のほうにある。デカルトの哲学を貫くこうした観念論的な基調が、たとえマルブランシュやライプニッツといった偉大な後継者たちや哲学史の伝統的な編纂作業において主軸をなす観念論によって引き継がれたとしても、デカルト主義はやはり唯物論の歴史のうちに位置づけられる。そしてそれは、デカルトの哲学に内在的な観点にたったうえで、つまり、その機械論を根拠にしたうえでのことだし、外在的な観点にたったうえで、つまり、この機械論によって導かれたさまざまな帰結に鑑みてのことでもある。

デカルトの機械論は、ガッサンディの場合がそうであったように、実体的形相という概念をあらかじめ退けることで正当化されるわけだが、ライバルであったガッサンディの場合と異なるのは、物質と延長の同一視をその特徴とすることだ。この同一視の結果として、空虚〔真空〕は原子それ自体と同様に、ありえないばかりか考えられないものとされる。なるほどここでは、粒子を基盤とする自然学が問題になっているわけで、それは、微粒子状の物質の結合と運動から世界とそのさまざまなプロセスを組み立てようとするものだ。

しかし、この微粒子が不分割であるのは実際上のことだけで、延長は無際限に分割されうるものとして広がっているとされる。そしてこの機械論は、形而上学的な観点からも自然学的な観点からも唯物論的な帰結を伴うことになる。

形而上学的にいえば、宇宙とそのあらゆる諸部分は物質としての延長に還元され、延長は実体に他ならないということになる。なるほどそれは、思考する実体〔精神〕と同様に神によって創造された実体であり、思考する実体とまったく同じ資格をもち、創造者である神以外にその存立のために何ものも必要としない。それは、思考する実体そのものすら必要としないのである。

それゆえ自然学においては、あらゆる事柄が延長と運動によって説明されることになる。運動は、神がこの世界を創造したときに世界のうちに導入されたものであり、その後、その量は不変のままである。ここからわかるのは、あらゆる目的論的考察が排除されていることであり、運動と衝突に関する法則の作用だけで世界が構築されうるということだ。これは「寓話」として提示された宇宙開闢《かいびゃく》説であるが、デカルトはこれを『世界論』のなかでも『方法序説』第四部と『哲学の原理』のなかでも真面目に取り上げている。このような説明の仕方は、自然界に存在するものの総体について用いられ、そのうちには動物もふくまれる。動物は、魂つまり純然たる精神と思考を唯一持つ存在である人間とは異なり、その生命活動に関するあらゆるプロセスとその行動のいずれもが、ただその諸器官の配置と運動だけで説明される（いわゆる「動物精気」は液状の物質に他ならない）。このことは、人間自身にみられる生理的な諸現象についても同様であり、身体との関係を前提にする精神の諸現象《ピュシコロジー》（感受性、情感性）もすべて同様に説明される。そして、いわゆる「動物機械」論は、人間のうちに認められる機械的なものに関するそれでもあるのだ（『人間論』を参照せよ）。

この部分的ないし領域的な唯物論は、デカルトによって動物的なものに限定されていたことを人間に全面的に一般化しようとするその後の唯物論の系譜を用意するものである。この系譜の出発点は、デカルトの忠実ならざる弟子であったレッヒウス〔ラテン語ではレギウスと表記〕というオランダ人に求めることができると思われるが、彼によれば、魂は身体の一つの様態に他ならないのである。

C）ホッブズ

トマス・ホッブズは、まず何よりもその政治論で知られている。それによれば、人間の本性から、つまり、あらゆる事柄に対して人間が有する「自然権」から、また、人間の本性ないし「自然権」のゆえにその「自然状態」のうちに生ずる万人の万人に対する闘いから、主権者の絶対的な権威に服従するという契約を介して安寧状態を確実なものにするということの必要性が導かれる。ところで、功利主義的であると同時に契約主義的であり、さらには絶対主義的でもあるこのような政治論は、たしかに自然学上の実在と人間を唯物論的に理解することによって正当化されるように思われるし、また、そのことのうちに基礎づけられるようにも思われる。そしてこのような理解は、主に『小論文〔*Short Tract*〕』（その執筆はおそらく一六三〇年にまでさかのぼるだろう）と『物体論』（一六五五年）のうちに、また、その政治理論が披瀝されている一六五一年の『リヴァイアサン』の冒頭にも見いだされる。

ホッブズは、唯名論とルネサンスの伝統を受け継ぎながら、同時代の自然学 - 数学的な理念を分けもち、機械論の新しい潮流に乗っている。その経験論的かつ唯物論的な認識論は、スコラ主義とデカルト主義の形而上学のうちに認められるさまざまな実質を徹底的に批判するさいの根拠になっている。それによれば、この実質のなかでもとりわけ力能や可能性といった概念、また、形相と精神、自由と自由意志といった概念は、内容空疎な術語とされる。

　ホッブズの存在論を規定する諸原理は、唯物論的あるいはむしろ物体主義的だといえる。「実体」と「物体〔身体〕」は同義の術語であり、ホッブズは断乎として、思考は物体の活動でしかありえないと主張する。つまり、魂は物体的であり、神そのものも物体的であるとされるのだ。この原理から導かれるのは、機械論的な自然学である。それによれば、運動は物体の属性であり、コナトゥス（「努力」）――微分的な運動、あるいは一見したところ静止状態にある物体のうちに認められる運動の始まりのこと――という概念が、活力、傾動、力能などとして現われるものについての説明となる。このような原理と自然学に依拠するのが唯物論的な心理学である。それによれば、私たちが意識するさまざまな内容物は「ファンタズマ〔映像〕」と呼ばれ、それは外的運動〔刺激〕と動物精気の運動の連関から生ずるとされる。つまり、外的運動が動物精気に作用することで――ちなみにそのとき感覚が生ずる――脳のなかでこの動物精気が反応を示し、動物精気は外部を目指して、イメージとしてのファンタズマを投影するのである。運動の慣性法則とファンタズマの法則をもとに、想像と記憶、ならびに想像と記憶によって動物のうちに一般的に生ずる経験について説明がなされる。この経験は、人間であれば言葉という記号を作ってこれを使うことで固定化され、また組織化される。ここからホッブズ哲学における言語の根源的な役割が導き出される。つまり計算する理性というものの成立は、まさしくこの言語によるのだ〔たとえば『物体論』では、「推論」が「計算」として理解され、究極的には「足し算」と「引き算」であるとされる。ホッブズによれば、人間の理性は自分の利益を最大にするためにはどうすればよいかと計算する理性なのだ〕。これら一連のプロセスによって、情念《パッシオン》一般そしてとりわけ人間の持つ個々の情念（「名誉」

など）に関する理解が可能になる。そしてホッブズは、人間が持つ情念を基盤にその政治論を構築するのである。

ホッブズにはガッサンディとの共通点が認められるにもかかわらず、ホッブズはデカルトと同様に、自然界における空虚〔真空〕の存在を否定し、物質の連続性を肯定している。その一方で、きわめて徹底したこの唯物論は、ホッブズの敵対者から寄せられた非難にもかかわらず、反宗教的な意図に由来するものではないと思われる。それは物体性主義《コルポレイスム》の伝統のなかから出てきたものであり、この伝統はキリスト教的土壌そのもののうちに根づいているからだ。さらにこの唯物論は、当時のイギリスに存在していた「霊魂可滅論」という構想あるいは異端に帰属するものである。

## 2　十七世紀後半の唯物論と形而上学——スピノザ主義の役割

十七世紀後半、経験論的かつ機械論的な認識論が一般化する。この認識論のなかで逆説的にもデカルトの影響とガッサンディのそれが融合をとげる。哲学的にはこの時代に、デカルトならびに主体というものに関するその哲学の遺産が、二つの方向に継承されていく。それは一方で観念論的ないし唯心論的な神学と形而上学の方向（マルブランシュとライプニッツの場合）へ、他方で心理主義的かつ感覚論的な方向（ロックとその「観念主義《イディスム》」の場合）へすすんでいくものである。しかしながら、唯物論、自由思想、あるいは無信仰という動向ないし思潮のほうは、十七世紀前半に表面化するものの、十七世紀後半になると大規模な抑圧の対象となるか、あるいは地下活動に潜伏するようになる（フランスでは、著者不明の文書である『テオフラスト復活』がその場合にあたる。この文書には、それ以前の時代までの、該博な知識に裏づけられた反宗教的かつ哲学的な議論のおよそすべてが取り込まれている）。

ところがスピノザの学説は、とりわけ唯物論の歴史に関していうなら、きわめて特別な地位を占めている。スピノザの学説の源泉はどこにあり、その着想はどのようなものであったか、この問いが込み入ったものであることはよく知られている。スピノザはデカルト主義にいわば沈潜していたのみならず、ヘブライズムの哲学的伝統ともかかわりをもち、ホッブズの哲学を構成するさまざまな要素を自分のものにしていた（コナトゥスという観念、自由と可能性という概念に対する批判、政治論）。さらに遠いところでは、新プラトン主義とストア主義のそれ――新プラトン主義とストア主義についてルネサンスにみられた反応もふくめて――も取り入れていた（内在因という概念、神と宇宙の一体性）。そして最後に付け加えるなら、自由思想との結びつきもなかったわけではない（『神学政治論』のなかで列挙されている、宗教上の教義と超自然的なものに対する批判）。

主著『エチカ』で中心となる主題は、実体の一元性を肯定することである。しかも『エチカ』はこの点から議論を開始する。つまり、一つの実体しか存在しないし、存在しえないということである。そして、その実体とは神である。この考えは創造という概念、そして存在論的な二元論〔デカルトのように精神と物体（身体）という二つの実体を認める立場〕の双方へのアンチテーゼとして打ち立てられるのである。そして、それは哲学そのものに二面的かつ二義的なあり方を求めてもいる。それにより、デカルトの学説に見られる二つの流れが同時に強化されるのだが、ここではそのうちの一方に力点をおくことにしよう。つまり、この一元論のうち唯物論的な領野のほうである。単一の実体に認められる二つの「属性」つまり延長と思考について権利上のこととしていわれる厳密な対称性に関して、しかしまた、事実問題としては延長が優先されるためにこの二つの属性について導入される非対称性に関しても、ここでは唯物論的な領野のほうを強調しておこうと思うのだ。

実体のこの単一性はまた、自然のそれでもある（「神即自然〔*Deus sive Natura*〕」）。つまり、思考と存在物《エットル》（「延長」）は単一なのである。両者の一致は厳密なものであり、あらゆる超越性は退けられ、思考と存在物に実存〔existence〕と統一を付与するような上位の原理による支配は拒まれる。ようするに実体は、その属性にとって原理的なものではない。それは属性以外の何ものでもなく、属性はそれぞれの仕方で実体を表出するのである。

存在論的な観点からすれば、実体的延長〔という属性〕は絶対者[14]そのものである。なぜなら属性はどのようなものであれ、知性によって実体の本質を構成する要素として知解されるところのものだから。このことを自然学的な次元でみるなら、世界のうちに私たちがかかわりを持つのは、それ以外の秩序に属するような原理を介在させずに自己だけを参照する自然的秩序だということになる。というのも、延長、その限定（「様態」）、ならびにその法則は、それぞれの仕方で実在的なものの総体を表出しているから。人間学的な次元に関していうなら、人間は、有限な諸様態の集合体のなかの一つの「有限な様態」として、「国家のなかの国家」〔『エチカ』第三部序言〕をなすのではなく、諸事物の次元に全面的に帰属しているのであり、人間以外の自然的存在よりも特別扱いされたり、あるいはそれと断絶したりといった関係にあるのではない。

これまで述べてきたことを別の観点からみるなら、思考という属性から絶対的な観念論が帰結する。この観念論によれば、人間はそれ以外の有限な諸様態のなかの一つである限りにおいて精神（「身体の観念」〔人間精神を構成する観念の対象は現実に存在する身体であるということ〕）であり、諸観念のなかの観念であるのであって、精神はこの諸観念の法則に従うことになる（「精神的自動機械」）。しかし〔延長の観点からみるか、思考の観点からみるかという〕視点の対称性は、じつは一連の非対称性を相即するのであり、そのうちの幾つかは明らかに唯物論的なインパクトを有している。それはたとえば、人間の精神が「身体の観念」として定義されるのと同様に、諸観念は一般的にその対象（スピノザがいうところの「観念対象〔idéats〕」）によって限定されるのであってその逆ではない（身体は、観念の身体ではない）、ということのうちに認められる。そしてこのような見方は、表象とは何か、情念とは何かという論点に関する理論にとって、さらには本来の意味での倫理学にとって、原理として機能する。とりわけこの倫理学において準則となるのは、身体と精神の活動力の向上を目指すことだから。たとえ『エチカ』におけるスピノザの行程が問題をふくんだ反転を経ることで、神の知的な愛による救済――人間の精神はそこではかの〔身体による〕一方向的な限定という状態から解放される――という理論に行きつくものであっても、やはりこの一方向的な限定は、あるがままの人間に関するスピノザの理論において優勢であると思われる。スピノザ人間学の主要概念はコナトゥスである。コナトゥスとは、あらゆる存在物《エットル》がその存在を保持しようとするさいの努力のことである。この概念そのものは、機械論に由来し、また機械論をモデルにしつつ、ホッブズから着想をえている。実際にスピノザの人間学はこの着想の支配下にあるのだが、それというのも人間の本性は、意識を伴ったコナトゥス、つまり欲望に他ならないからだ。そして最後に付け加えるなら、これらの論点は、普遍的な必然性――神（その本性から導かれ

（14）他者に依存することなくそれ自体として存在し、かつ、自己のうちに存在の根拠を有するもののこと。ここでは神の別名と考えて差し支えない。

る必然性だけに基づいて行為する）と同様に人間（コナトゥスが自分なりの仕方で神的力能を表現する）のうちに具現化する――という地平のもとに組み込まれる。こうして、合目的性、秩序、善悪、自由裁量といった神人同形論的な表象と価値に、徹底した批判的考察が加えられることになる。しかも、このような批判的考察は、伝統的な見解を支持している人々にはスキャンダラスなものとして騒ぎ立てるのに十分な口実となった。

スピノザの肖像は、なるほど長きにわたって、すぐれて無神論と自由思想のそれとして扱われてきた。それはちょうど「スピノザ主義」という名称が、次の時代には啓蒙思想家のなかでも最も大胆な思想家を公然と非難するさいに役立ったように。スピノザが背負う唯物論という運命は、それを待ち受けている単純化、改変、そして歪曲がどのようなものであったとしても、やはりこの哲学の幾つかの帰結のうちに刻み込まれているのである。

## Ⅲ　十八世紀の唯物論

十八世紀の唯物論は、一枚岩というには程遠く、むしろ複雑な集合体であった。それは、さまざまな食い違いによって切り刻まれ、公然とあるいは隠然となされた議論を包み含むものであった。しかし全体を見渡すと、それは雑多というより一つのまとまりとしてとらえられないこともない。それに、いつの時代かはさておき過去に根ざすことなく更地から唯物論を新たに構築していくことが問題になっていたのでもない。ただし、過去と決別しながらもそれを引き継いでいるということのために、十八世紀唯物論という一つのかたまりをかみ砕いていくのはなかなか難しい。

## 1 継続と断絶

継続ということを疑いえないのは、十八世紀の唯物論が古代とルネサンスの影響下にあることを考察してみれば――ちなみにこの影響の延長線上に自由思想の系譜が連なる――そして他方で、先立つ時代の偉大な哲学者たちが取り組んできたさまざまな主題があらためて取り上げられ展開されていくということを考慮に入れれば理解されるだろう。

他方でここでの断絶とは、他でもないこの哲学者たちについて言われることで、それは彼らが大抵は間接的ないし表面的にしか学ばれなかったからである。十八世紀になるとたとえばガッサンディは、もはやその難解なラテン語原文で読まれることはなくなり、弟子であったベルニエ(15)が用意したフランス語訳さえも読まれることがなくなる。少なくともその政治的絶対主義のために格下げされたホッブズもまた、引用されたり使用されたりすることはあっても〔厳密な意味での〕読解の対象となることはもはやほとんどない。イギリス哲学の伝統を前にしてデカルトが買った不評は十八世紀を通じて強まるばかりで、その形而上学上の独断

(15) 一六二〇年生。医師、旅行家。モンペリエ大学で医学を修め(一六五二年)、ガッサンディの最期(一六五五年)を看取ったのち、東方旅行に出発。帰国後、『ムガル帝国誌』(一六七〇－七一年)、『ガッサンディ氏の哲学の概要』(一六七四－七八年)を著わす。一六八八年没。

のみならず自然学上の独断も受け容れられることはない。スピノザの思想に関してはホッブズの場合と同様に、その敵対者によっても、また、スピノザを引き合いに出す人々によっても部分的に歪《ゆが》められることになった。

実際にそれぞれの哲学者の著作がこの時代に唯物論的な帰結をもたらしたとするなら、それはいわば波及的なものとしてである。ガッサンディがもたらした影響のなかでも重要なのは、ロックやニュートンといった同時代の有力な権威筋がガッサンディのなかから取り出した主題であり、この主題はその後、誰が主張したかはわからないものとして引き継がれていった。デカルトの影響は、彼を理論的支柱として仰ぎつつその科学上の着想に忠実であったフォントネルに始まり、十八世紀を通じて最も読まれた形而上学者であるマルブランシュ——誰の目にも明らかだが、マルブランシュは本質的には観念論的な哲学が唯物論的な帰結をもたらすという事例(たとえばメリエのマルブランシュ解釈を参照せよ)になっており、それは別の仕方だがライプニッツにも当てはまる——に至るまで、さまざまなタイプの後継者たちを介して広まった。ホッブズはスピノザを介して部分的に読まれた。このスピノザの思索については、スピノザその人の著作を通じてというよりも、むしろその著作をめぐる論争、ならびにそのイギリスにおける後継者(トーランド)、あるいはフランスにおける後継者(ブーランヴィレ)[16]が単純化したために歪められたイメージによって知られていった。ドイツでは事情がいささか異なり、その思想はしだいに多くの人々によって知られていった。そして最後にベールの著作が、哲学的かつ反-神学的な系譜に連なる人々の誰にとってもそうであったように、ここに列挙した哲学者たちにとってもまた継電器と増幅器という役割を演じたことを忘れてはならない。ベールは、十七世紀から十八世紀の結節点において、教養ある幅広い読者層に向けて、博識に裏づけられた自由思想による既成価値破壊の系譜に連なる人々の思索を投げかけるということをしたのである。

## 2 著者と表現形式

イギリスにおける唯物論の展開は、多かれ少なかれ宗教的な文脈におけるものである。それは、「自由思想《リーブル・パンセ》」に連なるものであったり、「自然宗教」に連なるものであったり――ジョン・トーランドの場合、その汎神論（『汎神論』一七二〇年）と力本説はとりわけ『セレナへの手紙』（一七〇四年）に表われている――さらには、より正統的な思想の流れの内部におけるものであったりした。この最後の場合として想起されるのは、もっと後の時代になってからの人物であるが、デイヴィッド・ハートリー(17)とジョゼフ・プリーストリー(18)

（16）一六五八年生。ブーランヴィリエとも表記。遺稿である『フランス旧統治の歴史』（一七二七年）や『貴族論』（一七三二年）で知られる歴史家、哲学者。貴族主義的な立場から反絶対主義理論を構築した。そのスピノザ論の公刊は一七三一年のこと。一七二二年没。

（17）心理現象を生理的に大脳過程として説明しようとし、神経振動の仮定によって連想心理学を創設した。唯物論的思想家といえるが、魂の不滅を否定していない。長らく忘れ去られていたが、ジョン＝スチュアート・ミルによって取り上げられたことで注目されるようになる。その後は、「適者生存」といった造語で知られる進化論者ハーバート・スペンサーなどに多大な影響を及ぼした。

（18）科学史においては、「脱フロギストン空気」つまり酸素の発見により名を残す。ただし、燃焼原理としてフロギストン説に最後まで固執したため、同時代のラヴォアジエに理論的考察の面で遅れをとった。哲学史においては、有神論、唯物論、決定論の融合を試みたことで知られる。心身二元論を批判し、神的な物質で構成されている魂は人間には観察不可能であると主張した。自由意志の存在を否定し、それは自然法則に従うとする決定論を提示した。

である。ドイツではより破壊的な状況が生まれる。つまり、早い段階から唯物論が表明され、かつ、無神論へと突き進む思想的な流れと同様に汎神論とスピノザ主義を支持する流れのなかで唯物論が展開されていったのである。とはいえその展開は、当時のフランスにおける唯物論的思潮に多くを負うものであった。

実際に十八世紀において最も支配的な地位を占めていたのはフランスの唯物論なのである。そして、この時代については前半と後半に分けてみることができる。

十八世紀前半において唯物論が見いだされるのはとりわけ地下文書においてであり、その重要性はますます強まっていった。地下文書とは、写本の状態で流通した文書のことであり、それなりの頻度で複写されたわけだが、そのさいに追加、混合、改竄といったことがなされたため、文書のそもそもの趣旨が変わってしまうということが生じた。すでに外国で、さらにはフランスで印刷された書物を翻訳したり転写したりするという場合がある一方で、以前からあるやり方だが、『テオフラストス復活』のように過去の著作と最近の著作から剽窃して書物を作るという場合もあった。その場合、著者の特定はなかなかできない。これらの地下文書の背景には自由思想の伝統があるのだが、そこから前景に迫り出てくるより独創的な書物もある。たとえば、ブーランヴィレの著作やブノワ・ド・マイエの『テリアメド』[19]である。しかし、何よりもまずここでは、エトレピニーの司祭であったジャン・メリエ（一六六四－一七二九年）の『覚え書』（「遺言集」とも呼ばれる）が注目される。

十八世紀後半は、ジュリアン・オフレ・ド・ラ・メトリ（一七〇九－五一年）に始まり、ドニ・ディドロ（一七一三－八四年）、クロード＝アドリアン・エルヴェシウス（一七一五－七一年）、そしてドルバック男爵（一七二三－八九年）など唯物論的傾向を持った偉大な著作家たちによって知られる時代である。ここでラ・メトリという人物がその『魂の自然誌』（一七四五年）と『人間機械論』[20]（一七四八年）もふくめて最も重要であることは、十九世紀にその重要性が覆い隠されてしまったにもかかわらず――そのこと自体はラ・メトリの後につづく人々が示した反感による――疑いようがない。ラ・メトリに反感を示した人々についていうなら、ディドロ（『懐疑主義者の散歩』一七四七年、『盲人に関する手紙』[21]一七四九年、『自然の解釈に関する思索』[22]一七五四年、一七六九年に執筆された『ダランベールの夢』[23]）とドルバック（『自然の体系』一七七〇年）のあいだに固く結ばれた友好的な協力関係がよく知られている。そしてディドロとドルバックによって〔これらの著作のなかで打ち出された〕主張にかなり依拠していたのがエルヴェシウスである。しかし死後出版されたエルヴェシウスの『人間論』[24]（一七七三年）は、ディドロに激しい『反駁』を書かせることになった。その理由については後述しよう〔一二〇―一二一頁〕。ここに列挙した著者はいずれも地下文書と密接な関係を

(19) 一七二〇年代から地下文書として流通していたこの書物の副題は「海洋の低減、地球の形成、人間の起源に関するインド人哲学者とフランス人宣教師との対話」で、この書物のなかでド・マイエ（一六五六―一七三八年）は、海水準は低下しつづけるのだから、最古の堆積物は最も高い山の上にあると主張する。実際に十八世紀後半にはモンブランが登頂されるなど、アルプス山脈やピレネー山脈が科学的関心に基づき調査されていた。
(20) 杉捷夫訳、岩波文庫、一九五七年。
(21) 平岡昇訳、小場瀬卓三・平岡昇監修『ディドロ著作集』第一巻所収、法政大学出版局、一九七六年。
(22) 小場瀬卓三訳、小場瀬卓三・平岡昇監修『ディドロ著作集』第一巻所収、法政大学出版局、一九七六年。
(23) 杉捷夫訳、小場瀬卓三・平岡昇監修『ディドロ著作集』第一巻所収、法政大学出版局、一九七六年。
(24) 根岸国孝訳『世界教育学選集』第三七巻所収、明治図書出版、一九六六年、ただし抄訳。

もち、しかもその幾つかの著作は地下文書そのものとみなされたし（たとえば『ダランベールの夢』の場合がそうで、出版は十九世紀に入ってからのことにすぎない）、そこから着想をえて書かれるということもよくあった。とはいえ十八世紀末になるとドルバックとその友人たちは、それ以前の時代に書かれ〔地下文書として流通してい〕た写本を印刷に付すということに専心したのである。

幾つかの本質的な点に関して彼らが示す見解は多種多様なものであるが、それらは、過去からの遺産を共有し、共通の主題と表現形式という基盤に依拠しているといえる。

## 3　共通の基盤

ここで問題となっているのは、啓蒙思想家たちが一般に普及させた或る種の公式見解のなかでも唯物論者たちが普及させたそれである。

唯物論者たちは、十八世紀を通じて宗教に向けられた批判的考察を最も極端な仕方で支持し、また喧伝した人々である。「臆見」について批判的考察が繰り広げられることで、信仰というものを可能にしている心理上の要因（幻想、軽信、想像）とその政治社会上の要件が問題視されていく。つまりここでは似非の聖職者が持つ支配欲のことが問題になっているのだが、この聖職者には、前述の要因と要件のために肥大化した権力を持った暴君〔のイメージ〕が重ねあわされる。この似非の聖職者という主題は、自由思想の伝統から出てきたものだが、とりわけ「三人の詐欺師」（モーセ、イエス、ムハンマド）という非常に古くからある形式をとる。そして、宗教が政治と堅固に結びつき、また、有力者ならびに富裕層の利益とも結びつくという主張が提示される。この主題は、とりわけ十八世紀のメリエによって、さらにはドルバックによって公然と主張される無神論へと展開していく。

唯物論的な思考が哲学面で依拠するのは、デカルト主義の伝統さらにはロックとイギリス経験論のそれに関連づけられた、当時の主要な見解である。この二つの伝統に共通し、またその基調をなしているのは、いわゆる「観念主義《イディスム》」である。これは認識に関する問題を哲学上の主要な問題とみなす。つまり「私たちの観念の起源」が問われるのだ。「観念主義」は、この時代の思想を特徴づけるもので、フランスではコンディヤックが果たした役割によって明確なかたちを与えられた。しかし、これによって特徴づけられるのは、おそらく唯物論者たちのほうである。しかも彼らは、「観念主義」とは別の思想上の主要な一塊であるニュートン主義のさまざまな見解よりも「観念主義」によって特徴づけられるように思われるのだ。というのも当時の唯物論上のさまざまなモデルは必ずしも機械論的ではなく、ニュートン主義の隆盛はむしろ理神論（ヴォルテールにとって重要な意味を持っていた時計職人としての神という主題）のほうと結びついていたからだ。いずれにせよ、唯物論者たちの誰をとっても皆一様に懐疑主義的な見解を提示しているのは、彼らがイギリス経験論的に理解されたこの観念主義にかなりの程度で依拠している、ということによって説明がつく。つまり、物質の本性を私たちは認識することができない、それはちょうど私たちがいかなる実体の本性も認識することができないのと同じだ、私たちの感覚によって、そしてその後に私たちの観念によって認識されるのは、実体の特性だけである、というわけだ。しかしこのような懐疑主義は反宗教的かつ反形而上学的な意味を帯びることになる。まず何よりも疑われるのは神学上の教義であり、デカルト主義的形而上学にとっては犯さざるべき確実性もまた疑われることになる。

まさしく唯物論的といえるのは、宗教上の伝統と形而上学上の伝統において要諦とされる諸概念を徹底的に批判すること、これである。この批判は、自由思想家たちがかつて行なった議論のうち主要な二つの論点に依拠することでなされる。つまり、創造者としての神と不滅なものとしての魂をめぐる議論である。神学と宇宙論《コスモロジー》〔宇宙あるいはこの世界そのもの秩序やその創成をめぐる哲学的・神話的理論〕についてたとえばドルバックが行なったような唯物論的批判は、神という観念そのもの、さらには創造と秩序に関連するさまざまな概念を槍玉に挙げる。このような批判は理神論と正面衝突するものだ。というのも理神論は、神の存在を証明するために自然における秩序を引き合いに出すからだ。この唯物論的批判は、伝統的な議論（すでにルクレティウスとキケロがその著作で列挙しているもの）にスピノザ主義から導き出せる議論を少なくとも接ぎ木したものとなっている。

魂に関する理論についていうなら、唯物論的批判は、非物質的で不滅とされる魂を批判する。そのさいにやはりルクレティウス的な議論をあらためて取り上げながら、ガッサンディ主義に由来する思想上の展開の他に、自然誌、生理学、そして医学から導き出せると思われた新しい知見が、デカルト主義に由来する思想上の展開（動物機械論）とともにそこに付け加えられることになる。

十八世紀の唯物論の形式と着想のほうに目を向けるなら、唯物論という単語と併記されることの多い「機械論的な」という形容詞にニュアンスを持たせるべきだろう。もしこの時代の唯物論がみずからすすんでこのイメージを自分のものとし、また〔ラ・メトリの〕『人間機械論』といった題名や数多くの文言がそのような印象を与えるとしても、十八世紀の唯物論にとって本当の参照軸は一般的にいってそれとはまったく別のところに求められるということは、今日《こんにち》ではむしろ一致した見解である。つまり機械論とは別に、化学（ドルバックはその専門家であった）、自然誌と生物学（ここではビュフォンとモーペルチュイの果たした役割、さらにディドロが彼らからうけた恩恵を念頭におくこと)、生理学と医学(『生死一如』[25]という題名の手写本、自身も医者であったラ・メトリがその師匠であるブールハーヴェについて示した恩義、あるいはまた〔ディドロの〕『ダランベールの夢』における登場人物ボルドゥなどを参照せよ)がその参照軸として挙げられる。このような参照軸こそ十八世紀の唯物論に力本説と生気論という体裁を与えるものである。実際にその当時の唯物論はしばしば力本説と生気論を提示している。さらに古代であれば、原子論よりもむしろストア主義のほうに見いだされる思想的な流れと十八世紀の唯物論が関連づけられようとするのも、こうした参照軸のためである。

以上の一般的な特徴に加えて、その他の主要な論点を幾つか列挙することができる。形而上学と宇宙論に関していえば、世界の単一性が強調されるが、それは物質的な意味での単一性である。この「スピノザ主義的な」主題のおかげで、十八世紀の唯物論が或る種の汎神論と親和性を持ちうることが、また、ストア主義と関連づけられうることが正当化されたり、その点について説明がなされたりする。また、この唯物論が体現する「運命論的な」側面についても説明がなされる。このような側面に目をとめたのは、唯物論と敵対関係にあった人々だけではない。彼らは人間の自由を脅かすものとして唯物論の「運命論的な」側面を批判したわけだが、唯物論を支持した人々もこの側面を目にとめたのである。そして彼らは、この「運命論的な」側面をはっきりと主張したのだ(ドルバックの場合)。ここでもまた十八世紀の唯物論は、エピクロス主義よりはストア主義のほうに近いといえる。

(25) 寺田元一訳、野沢協監訳『啓蒙の地下文書』第一巻所収、法政大学出版局、二〇〇八年。

より典型的なこととしていえるのは、当時の唯物論のいずれもが運動は物質にとって本質的なものである、という考えを強調していることだ。このような考えは直接にはトーランドに由来するが、より遠いところではガッサンディ、ホッブズ、スピノザ、そしてさらにはライプニッツにまでさかのぼり、機械論を乗り越えようとするさまざまな考えのうちの一つだといえる。それは、不均質なものとして物質をとらえる化学に着想をえた考え（地下文書の『世界形成論』(26)、またディドロやドルバックを参照せよ）と同じである。しかもこの後者の考えには、物質にとって運動は本質的なものであるという前者の考えがしばしば結びつけられる。なぜなら物質が不均質であるということは、均衡状態が欠如しているということの原因であり、ということは、宇宙には運動が存在するということの原因であるとされるからだ。

精神の諸現象に関すること《ピュシコロジー》についていうなら、物質は思考しうるのではないかということが主な確信としてあった。それはロックを参照したうえでの確信である。ロックは、物質に思考という特性を付すことのできる神の全能を考慮したうえで、デカルト的な心身二元論を問題視していた。そしてヴォルテールがこうしたロックの幾つかの記述から出発してこの確信を一般に広めたのである。このような神学上の仮説は理論上の単なる可能性を開くものでしかないが、そこから導かれるのは、古代（ルクレティウスの詩編の第三巻）に由来するものの医学上の観察結果によって補強された議論に依拠しながら、精神の《ピュシコロジック》諸現象と身体器官のプロセスのあいだに厳密な相関関係を打ち立てることを目指す推論である。しかし、唯物論者たちは次のようなことを主張するために、神学的なこの仮説がそもそもとる形而上学的な形式一般を、このような形式のもとにおかれた限りでのこの仮説に寄せられるさまざまな反論を持ち出しながら批判する。つまり、本来的には「物質」が思考するのではなく、或る限定された組成と組織の備わった幾つかの物質的存在が、そして何よりも脳という器官の備わった物質的存在が思考するということを、しかもそれは、時を告げるのは「物質」ではなく時計であるのと同様である（ラ・メトリ『人間機械論』の冒頭を参照せよ）……ということを主張するのである。そのかたわらで唯物論は、ロックそしてコンディヤックの経験論的ないし感覚論的な系譜に位置づけられる限りで、思考や意志にとっての原理であり根拠でもある感受性こそが物質の特性をなす、あるいは物質から作られ一定程度の構造を備えたものである、ということを示そうとするのである。

これまで見てきた理論にかかわるさまざまな主題の他に、この時代の人々の考察の中心にあった実践面の主題についても付言すべきである。

政治的秩序ならびにこの秩序を道徳的かつ宗教的に正当化することに対する批判は、唯物論者たちのあいだでは特別な言い回しをもってなされる。たとえば道徳と宗教を制定するうえで政治が果たす役割についていうなら、規範はすべてを超越するわけではないことが示され、規範の脱神話化が徹底される。「詐欺師たち」〔モーセ、イエス、ムハンマドのこと〕が自分たちの利益のために振りまく宗教上の良心という幻想は人間の存在条件（人間の無知や脆弱さなど）に起因するのと同様に、倫理上の規範は結局のところ事実やありのまま《ナチュレル》の現実のことであり、この事実と現実を精神的《ピュシコロジック》かつ歴史的な観点から解明するためには、物質的な宇宙を支配する法則を参照することができるし、そうしなければならない。「それゆえ」とドルバックが書いているように、「人間を現世で活動させる動機を、人間の想像力のうちにしか存在しない観念世界に求めてはならない。この可視的世界のうちにこそ、人間に罪過を回避させ、徳へ駆り立てる原動力は見いだされる」（『自

---

(26) 飯野和夫訳、野沢協監訳『啓蒙の地下文書』第二巻所収、法政大学出版局、二〇一一年。

然の体系[27]』第一部第一四章）のである。倫理のこのような脱宗教化《ライシザシオン》に行きつくのは、たとえばラ・メトリにおいてであれば伝統的な偽の徳（謙遜、憐憫、後悔、悔悛）に対してスピノザ主義的な様式と発想のもとで批判を繰り広げることであるし、地上の生活のほうへ向きを変えた唯物論的知恵を要請し、それを肯定することである。

最後に、このような種類の説明、批判、そして要請は、非常に多岐にわたる結論をもたらしうる。たとえばドルバックにおけるように、どこまでも功利主義的な基盤のうえに打ち立てられる倫理的規範が有効なものと認められたり、あるいはラ・メトリではそうなるように、自然〔本性〕を考慮するがゆえに規範というものそれ自体が破棄されたりする。そしてまさに唯物論というものに関する実践上の意味づけに関して深い対立がおそらくは生ずるのである。

## 4　プロブレマティックとその切れ目

十八世紀の唯物論にみられる断絶は、時間的な前後関係という意味でのそれである。そしてこの断絶はまず、唯物論が提示されるときの仕方についていわれる。

古いほうの部類にふくまれる著作は、自分たちの主張と批判的考察の下支えとして〔過去の書物から獲得される〕学識に依拠することが多い。つまり自由思想家たちがそうしたように、古代とルネサンス期に典拠を求め、それが古代とルネサンス期に依拠している場合に限り、同時代を参照する。いずれの場合においても、宗教というものの創始者と信奉者によって不正に入手された権威と、これら〔古代、ルネサンス期、そして同時代の〕浮世離れしていない権威筋によって執筆された書物が対立関係におかれる。〔その一方で〕十八世紀の半ばから終わりにかけて、著者たちはその当時興隆しつつあった科学と認識論のほうに軸足をおくようになる。つまり彼らは、機械論とニュートン主義、あるいは化学と生物学における新しい知見と観念に依拠するのだ。

唯物論的な著作と著者のあいだに断絶と継続がみられるように、読者をめぐる問いについても断絶と継続がみられる。ここでは次のような対立が断絶として挙げられるだろう。すなわち、自由思想家たちの思索ないし立場を特徴づけ、また、地下文書のうちに認められるエリート主義と、万人に周知するということのうちに認められる理念《エスプリ》との対立だ。十八世紀後半の啓蒙思想家たちの理念のうちには唯物論が全般的に認められるが、彼らの唯物論はこの天下周知ということによってしだいに特徴づけられていったのである。しかし、反宗教的な言動が一般化することで引き起こされる社会的な帰結を危惧する人々からは、反感を買うことにもなった。それはたとえばヴォルテールの場合である。ここではさらに、特筆に値する例外としてメリエに留意しておくべきだろう。その革命的な著作は十八世紀の冒頭から死後出版というかたちで、メリエが司祭として働いていた小教区の信者たちに読まれ、さらに彼らを通じて、一般民衆層、貧困層、被支配層の全体に広まっていった。その一方で、ラ・メトリ（その『序論〔*Discours préliminaire*〕』を参照せよ）にも留意しておくべきだろう。彼は、自分の唯物論は既成の価値を転覆させるような影響力を持ちえない、なぜなら「民衆」には理解されないだろうからと述べつつも、ベールの有名な逆説（誠実であるが無神論を主張する人間は存在しうるし、無神論者からなる社会は成立しうる）にならって「無神論を主張する哲学者たちからなる社会は（……）信心家たちからなる社会よりも容易く維持される」と述べることで、一般大衆化した唯物論とい

（27） 高橋安光・鶴野陵訳『自然の体系Ｉ』、法政大学出版局、一九九九年、二一八頁（訳文改変）。

う基本方針を正当化していることから、〔知識人と民衆をつなぐ〕蝶番という役割を果たしたといえるからだ。

理論上の諸問題に関していうなら最初の線引きは、宇宙論と神学に関する問題と心理学に関するそれとのあいだになされる。しかもこの時代には、後者のほうが相対的に重視される。それは当時の支配的な思潮からいえることだろう。たとえば、『魂の自然誌』に始まり『人間機械論』へとつづくラ・メトリの哲学的著作、あるいはエルヴェシウスの哲学的著作にみられるように。しかもエルヴェシウスのたどった足跡は、たてつづけに執筆された二冊の著作の題名（『精神論』と『人間論』）からも伺えるように、ラ・メトリのそれと類似している。とはいえ当時の支配的な見解に対立するものとしてメリエを挙げてもよいだろう。というのもメリエにとっては〔心理学上の諸問題に関する考察よりも〕神学と宗教に反旗をひるがえす批判的考察こそが主要な課題をなしており、しかもマルブランシュの存在‐神論を裏返して物質のほうに有利に働く形而上学を展開しているからだ。つまりマルブランシュがいうところの「存在一般」は、メリエにとっては物質になるのである。この点に関して特徴的なのは、メリエが「さまざまな宗教の誤り」を「証明」するために持ち出している最後の二つの「証明」のあいだに量的な意味で〔不均衡という〕関係があることだ。第七番目の証明は反神学的なもの（「神々の存在なるものに関する人々の見解の虚偽そのものから引き出されるさまざまな宗教の虚妄と虚偽について」[28]）だが、それは心理学的な主題にかかわる第八番目の証明（「人間の魂の精神性と不死性について人々が抱く見解の虚偽そのものから引き出される、さまざまな宗教の虚妄と虚偽について」[29]）にくらべて三倍の長さなのである。メリエと同様の立場にあるとみなせるのはドルバックだ。それというのも、人間学的考察がみられる『自然の体系』第一部と神学的考察にあてられる第二部において、唯物論の一般的な主題（自然の単一性、運動は物質に内属すること、[30]物質が不均質であること、秩序という観念に対する批判）が強調されているからだ。これら唯物論的な主題は〔エルヴェシウスの『自然の体系』第一部における〕人間一般と人間が持つ思考に関する記述を方向づけるものだが、それはまた大枠ではディドロにも当てはまるものである[31]。

しかもディドロの著作は、唯物論のうちにふくまれる〔宇宙論、神学、そして心理学とは〕別の問題構制《プロブレマティック》の典型例をなしているといえるが、この問題構制とは、物質、生命、そして感受性の関係にかかわるものである。そしてここで問題となる断絶とは、時間的な前後関係としてさきに言及した断絶にほぼ全面的に重なるが、〔具体的には〕魂は一般的にどのようにとらえられているかということに関して断絶がみられるのである。つまり、魂を物質的な実体ととらえるエピクロスとルクレティウスの見方から、むしろデカルトに由来する見方への移行としてこの断絶はその姿を現わすのだ。ようするに機械論が全面的に人間に適用されることで、魂はそれ固有の実在としてあることをやめ、その結果として魂はもはや物質の個々の構造に起因する産物あるいは機能でしかなくなる。ここでもまたラ・メトリが仲介役として立ち現われてくる。というのも魂に関

(28) 石川光一・三井吉俊訳『ジャン・メリエ遺言集』、法政大学出版局、二〇〇六年、四四七頁。
(29) 石川光一・三井吉俊訳『ジャン・メリエ遺言集』、法政大学出版局、二〇〇六年、七一一頁（訳文改変）。
(30) 物質には、外に現われた場所的移動としての運動の他に、その原動力をなす内的な力がある。ドルバックはそれをエネルギーととらえ、その典型例として発酵を取り上げている。
(31) ディドロはたとえば、初期の理神論から唯物論へとその思索を展開する過程で、神という外的な力を排除するために、自然はみずからに内属する力によって運動できるという考察を小論「物質と運動に関する哲学的原理」（一七七〇年頃）のなかで行なっている。

するこのような二つの描き方がラ・メトリの著作のうちには併存しているからだ。とはいえ後者の描き方のほうが前者のそれよりも優位に立っていることは確かである。いずれにせよここでの論点は、ディドロにおいて別のかたちをとって現われてくる。つまりディドロは、均質的な物質が特定の仕方で集合することでできあがる生成物と、この生成物が有する特徴によって生命と感受性をとらえようとするルクレティウス的な唯物論モデル（『盲人に関する手紙』）から、生気論的唯物論（『自然の解釈に関する思索』）へ移行するのである。この生気論的唯物論は、物質の、つまり、それ自体は不均質であり、進化のなかで発現し組織化していく物質（『ダランベールの夢』）の一般的な特性によって、生命と感受性をとらえようとするものである。

最後に人間学と実践にかかわる幾つかの問題について言及しておこう。十八世紀において主題的に論じられた問題として挙げられるのが、〔生理的〕組織《オルガニザシオン》と教育の関係である。それは非常に古くからある問題だが（ルクレティウスの詩編の第三巻三〇七行から三二二行にかけて注目すべき仕方で提示されている）(32)、しかしきわめて近代的な問題（〔生得的な〕「才能」と「適性」に関する、同時代の教育心理学における議論を参照せよ）でもあったといえる。人間の心理的機構《ピュシコロジー》、人間の思考、感情、そしてその行動は、人間が存在するさいの実際的な条件から説明されなければならないとすると、それには二つの次元があることがわかる。つまり、生理的かつ器質的な次元であり、環境という次元――とりわけ社会的なそれ――である。具体的にいうなら前者は、人間の身体そのもの、その諸部分の配置、その機能のさまざまな機構《メカニスム》である。後者は、人間が生きている環境、環境が人間に及ぼす作用、そこから人間が受け取る経験、人間が他の人間にさずける教育である。この「組織」（この言葉の生物学における第一の意味、つまり、諸器官における生体構成物質《マチエール・ヴィヴァント》の配置という意味において理解しておくが、それは当時としては新しい意味であった）と教育の関係という問題は、ラ・メトリの著作のうちにはっきりと打ち出されている。ラ・メトリは前者のほうを特別視するが、だからといって絶対視しているわけではなく、まさにこの点をめぐってエルヴェシウスの遺著と激しく対立することになる。エルヴェシウスの『人間論』においては、普通の〔生理的〕組織を備えた人間のあいだに認められる違いはいずれも教育の違いに結びつくとされ、ディドロの議論においては、〔生理的〕組織のほうがこの違いを説明するものとして支持されている（一七七三年から七五年にかけて執筆された『エルヴェシウス『人間論』の反駁』[33]において）。

この議論は、生物学と哲学の関係、医学と社会の関係、あるいは医学と道徳の関係を俎上に載せるため、倫理的かつ政治的な規範に関して広範囲にわたる問題を引き起こす。つまり、唯物論は個人主義のほうを正

---

(32)「人間たちの種族もこれと同様である。どれほど教育がある人々を／平等に洗練したとしても、人それぞれが初めにもっていた／心の性質の痕跡はやはり残るものであるし、／また欠点を根こそぎ引きぬくことも不可能だというべきで、／やはり、ある人はすぐにはげしい怒りにとびこみ／ある人は恐れによってすぐ心をいため／第三の人はある種の事を度をこして穏やかにうけ入れる。／そしてほかの多くの点においても、人間の性質と／それに伴う習慣とは、種々様々に相異なっていなければならぬ。／それらについては、いま私はその隠れた原因を／示すこともできないし、それらの多様性を生みだす／元素の形のすべての名をみつけることもできない。／ここではっきりいえることは、学問によって追い払いえない／性質の痕跡はごく僅かしか残っていないので、／私たちが神々にふさわしい生活を／送るのを妨げるものは何もないということである」（藤沢令夫・岩田義一ほか訳『ウェルギリウス／ルクレティウス』、『世界古典文学全集』第二一巻所収、筑摩書房、一九六五年、三四〇頁）。

(33) 野沢協訳、小場瀬卓三・平岡昇監修『ディドロ著作集』第二巻所収、法政大学出版局、一九八〇年、ただし抄訳。

当化するのか、あるいは社会秩序のほうを正当化するのかという問題を知ることがここでの課題になるのだ。そしてこの論点に関する線引きは、ラ・メトリ——その徹底した個人主義からは、普遍的な道徳の根本的な否定が派生し、またそのためにラ・メトリとサド侯爵の思想が結びつけられもする——とそれ以外の大半の唯物論者たちとのあいだでなされる。彼らは唯物論に敵対する人々と一緒になって、この〔ラ・メトリやサド侯爵の〕スキャンダルな考えを告発し、また、なるほど既成の秩序ではないにせよ、少なくとも「本当の」徳と「本当の」社会秩序を正当化しようと試みたのである。この「本当の」社会秩序は、利益とは何かを規定する原理原則は物質的なものであり、また、適切な仕方で組織された社会では個人の利益と公共の利益は一致するという要請によって基礎づけられる。つまりそれは、ドルバックとエルヴェシウス[34]の主張を念頭におきながら、伝統的に「ブルジョア的」と特徴づけられてきた功利主義のことである。

## Ⅳ　十九世紀の唯物論

### 1　系譜、典拠、基盤

十九世紀になると以前の唯物論にみられた断絶があらためて浮かび上がり、しかもいっそう大きくなった。また、その哲学上の系譜、科学上の典拠、そして社会的な基盤が多様化すると同時に、その適用範囲が押し広げられ、問題構制《プロブレマティック》ならびに主張が掘り下げられるということも生じた。

哲学的な側面に関していうなら、この世紀の唯物論はまず前世紀からの延長線上に位置づけられる。なるほど十八世紀の唯物論は、早い段階から敵対者による抑圧と改変という攻撃に徹底的に晒《さら》されてきたが、それでもその延長線上に十九世紀の唯物論は位置づけられるのだ。ただし、その信奉者の幾人かがこの抑圧と改変という攻撃に荷担していたというのは確かである。つまりそれは、唯物論がドイツ古典哲学の余波を被ったということである。ドイツ古典哲学の遺産がそれなりの仕方で受けとめられたのだ。それはたとえば、超越論的哲学における主観的観念論の新たな形態をふくめたカント主義であるし、カント以後の体系についていうなら、とりわけヘーゲルの体系においてこの超越論的哲学がたどったそれ自体は観念論的といえる逆転である。また、一八三〇年代から四〇年代にかけて生じたヘーゲル学派の「分裂」[35]を挙げることもできるだろう。

十九世紀には科学上の知見が非常な発展と変貌をとげたため、唯物論にとってはこの方面での選択肢が広がった。つまりその発想源となりうるモデルならびに拠り所となりうる基盤が多様化したのである。物理学と宇宙論の領域に関していうなら、熱力学と電磁気学の出現により、力と変換の種類について科学

---

(34) 個人の利益の追求は、快楽という物理的・身体的感覚の追求として現われる。この快楽重視の姿勢から公共の利益への志向はどのように導き出されるのか。この問いにエルヴェシウスは『人間論』のなかで、名誉心という欲望に注目することで個人の利益と公共の利益を調和させる道徳論を模索する。つまり、名誉心という個人的な欲望を満たして快楽を得るためには、公共の福祉に奉仕するのがよいというのだ。

(35) ヘーゲル哲学の影響を受けた人々はヘーゲルの死後、正統的後継者として思弁的・保守的立場をとる右派（老ヘーゲル学派）、ヘーゲルを批判的に継承する唯物論的・急進的な左派（青年ヘーゲル学派、バウアー、フォイエルバッハ、マルクスなど）、そして中間派に分裂した。

的に説明可能な知見が広がった。また、恒常性に関するさまざまな原理原則〔たとえば物理学でいうところの慣性の法則など〕が一般化され、初期段階にあった古典的機械論が一新されることになった。さらに、世界を画一的に記述しようとする傾向も生まれた。

このような傾向は生物学の領域にも及び、とりわけ有機化学を中心とする化学の急速な発展に影響を与えた。そのことにより、生命現象における化学的知見が拡大してゆき、伝統的には否定されてきた、不活性なものから生きているものへの移行という考え方が示されるようになった。人間については、神経系の解剖学上の発見と大脳機能の局在性に関する発見がつづくことで、意識の事実は脳に完全に依存しているという見解に初めて科学的な基礎づけがなされるようになった。その一方で生物変移論〔生物の種は少しずつ変化するという説〕の出現、ダーウィンの主張、ならびに進化論の発展によって、ヒトという種もふくめた生物種が一本の系統のうちに位置づけられるようになった。この系統において「高次なもの〔精神〕」は、決定論的な観点から分析可能なメカニズムによって「低次なもの〔物質〕」に由来するとされる。さらに、物質から生命へ、さらには人間、その行為、そしてその制作物へとつながる一つの連続したプロセスがあるという考えも示されるようになった。

生物学の領域におけるこのような見解は、人間科学の領域で示された見解とも合致する。つまり、先史学の誕生と民族誌学の組織化により、人間的な性質《ユマニテ》は動物的な性質《アニマリテ》から自然に発展したものであるという古くからある考えが科学的な枠組みのうちに招き入れられることになった。その一方で政治経済学は、人間関係の物質的な基盤に関する科学という外観を呈するようになる。同様の方向に進むと思われるのは歴史学の変貌である。その理念《エスプリ》として「実証的な」歴史の描出が目指され、模範的ないし規範的な歴史を描出することが目指されることはもはやなくなる。歴史学の探求は、偉人たちの行動、政治的かつ軍事的な出来事という狭い領域を超えて、その先へ押し進められる。その結果、思想や習俗の動きだけでなく、生活の物質面での変遷や社会的な運動もその探求の対象のうちにふくめられることになる。

科学上の発展によってもたらされたこのような寄与は、唯物論にとって好都合なものだったが、何ら代償がなかったわけではない。この寄与によってもたらされた衝撃は、抵抗すら引き起こしたからである。正面を切って抵抗を示したのは、たとえば体制側の人々であったり、宗教思想家であったりした（たとえばダーウィン主義が引き起こしたスキャンダルを想起せよ）。また、この寄与から距離をとるという立場にたったのが、たとえばコントの思想に由来する実証主義である。それは経験論的な系譜に位置づけられる主題をあらためて取り上げるということをしながらも、科学的な論述と成果については留保をつけたり禁止事項を設けたりする。つまり、この論述と成果から「形而上学的な」射程を完全に取り除くべきだというのだが、それはカントから引き継がれた考え〔つまり理性の妥当な使用の範囲を定めようとする「理性の法廷」に関する考察のこと〕に一致する。それだけでなく、科学上の成果と発見もそれ自体は限界があり曖昧なものであるということも指摘しておかなければならない（本書第三部・第一章・第二節〔一五四―一六〇頁〕を参照のこと）。そのために、逆さまに解釈されたり活用されたりするということが生じてしまう。しかもそれは唯物論の最も熱心な敵対者ですら陥ってしまうことなのだ。ここから理解されるのは、「科学至上主義的」と形容される確実性がじつは不完全であり、また無防備《ナイーブ》でもあるということだ。この確実性をもってすれば科学はあらゆる領域において決定的な真理を打ち立てるし、またそうしうるとされるわけだが、このような単純化されたものの見方を唯物論者は免れているかといえばそうでもないのが実際のところなのである。

いずれにせよこのように科学による試案に反対し、科学上の成果とその射程を反曲させることに力点がおかれるのは、哲学上の議論の社会的かつ政治的な次元におけるさまざまな動機と争点のためである。もし十九世紀が、しかもとりわけその前半が、フランス革命とその記憶、その余波、そしてその帰結によって特徴づけられるとしても、十九世紀は、新たな革命思想が開花すること、労働者階級が歴史の舞台に躍り出ること、社会の変革という考えが進展すること、そして「社会主義」と「共産主義」[36]を掛け声に社会の変革をみずからの課題として引き受ける運動と政党が組織されることによってもしだいに特徴づけられていく。十八世紀の唯物論は、その倫理的かつ政治的な議論の帰結にもかかわらず本質的には理論的なところがあり、その信奉者の幾人かによって宣言された普遍主義にもかかわらず、大衆を先導する知識人に益する限りでエリート主義的なところを手放さなかった。そして、そのような唯物論に対して、大衆現象となるような唯物論があるのではないかという考えが生じ、その後実際にそのような唯物論が出現したのである。それは行動する唯物論といえるが、その批判的かつ破壊的な価値は新たな実践的意義を帯びたものとなる。このことからもわかるように、唯物論と観念論のあいだだけでなく、唯物論的な思想の流れのうちにも新たな分裂が生ずる。さらにこの分裂は、モデルとしてどのような対象を選ぶか、どの領域に適用を広げていくか、そして何を典拠にするのかということについてもいわれるのである。

## 2 十八世紀からの系譜——観念学派

観念学派《イデオローグ》は、時代的にも政治的にも十八世紀思想（彼らはコンディヤックの後継者である）と十九世紀思想の転換期に位置するが、それだけでなく学問的にもそうだといえる。彼らは、十九世紀思想の土台を築いたからである。観念学派の筆頭格にして「イデオロジー〔観念学〕」という言葉それ自体を作ったデステュット・ド・トラシー（一七五四―一八三六年）の他に、ヴォルネー伯爵[37]（一七五七―一八二〇年）、カバニス（一七五七―一八〇八年）、〔歴史学者にして法律学者であった〕ドーヌー（一七六一―一八四〇年）、ドジェランド（一七七二―一八四二年）、そしてラロミギエール（一七五六―一八三七年）といった人物がここでは挙げられる。

彼らが目指したのは、表象というものを、つまりデカルトとロックによって、さらには一貫して十八世紀を通じて理解されてきた限りでの「観念《イデー》」というものを批判的に分析することであった。このように定義されるイデオロジーは、観念論的な手法に依拠していると思われるかもしれない。というのも、観念について論じられているし、あらゆるものは観念に帰着するに違いないと思われるからだ。しかし観念学派の理論のうちには、唯物論的な要素が認められる。トラシーその人においては、運動について持たれる感覚とこの運動に対する抵抗について持たれる感覚が重視されており、このことは、観念論から唯物論へと至る一本の道

---

（36）社会主義（socialisme）という言葉の語幹をなす「social」とは、行為の側面からみれば相互扶助のことであり、組織の側面からみれば共同体主義である。共同体主義という意味では、社会主義にも共産主義にも同じ視点がある。ただし、共産主義は共同所有に力点をおくが、社会主義は相互扶助に力点をおく。いずれにせよ十九世紀前半のとりわけフランスでは、社会主義と共産主義は類似のものとみなされ、一時期は互換的に使用された。社会主義という言葉は一八三〇年前後にサン＝シモン派から生まれたとされる。言葉としては共産主義のほうが古く、十八世紀にはすでに存在していた。

（37）古代史や東方言語の研究者として知られる。『エジプト・シリア紀行』といった紀行文が同時代の人々のあいだで広く読まれ、ナポレオンのエジプト遠征に着想を与えたとされる。その他の代表作に『廃墟、または諸帝国の変遷に関する考察』（一七九一年）。

筋が拓かれる可能性をひめているといえるからである。しかもこのような道筋は、かつてエピクロス主義者とストア主義者がたどったものである。トラシーとは別の方向から唯物論へとつながる道筋をたどるのは、ヴォルネー伯爵である。宗教批判という伝統方式をあらためて取り上げながら、歴史に関する哲学に人間学的な基礎づけを施そうとしているからである。「生理学的観念学[38]」に専念するカバニスはどうかといえば、私たちが関心を寄せている事柄に関する限り最も特筆すべき人物である。その『心身相関論』(一八〇二年)は、医学的唯物論の系譜における古典的著作であり、〔他の思想家から〕頻繁に参照される。カバニスにとって「道徳的なものは、個別の幾つかの視点から考察された身体的〔物体的〕なものでしかない」。人間のあらゆる活動とその意識にとって脳の果たす役割が決定的であることをカバニスは強調する。つまり思考は脳の産物であり、それはちょうど胆汁が肝臓の産物であるのと同じだというのである。この唯物論は、その生物学的な発想の仕方、さらにこの発想を下支えする概念(全面的に適用される力本説と生気論)からいって、古代ストア主義の系譜に位置づけられるべきものである。

## 3 フォイエルバッハの唯物論

ルートヴィヒ・フォイエルバッハ(一八〇四―七二年)の思想は、唯物論の歴史において彼以前と以後の人々をつなぐ蝶番の役割を果たしている。

フォイエルバッハは、たしかにヘーゲルに結びつけられるし、その影響圏にあったが、それは一八三〇年代後半までのことである。一八三九年の『ヘーゲル哲学の批判』においてヘーゲル的な観念論と訣別してからは、一八四一年の『キリスト教の本質』と一八四三年の『将来の哲学の根本命題』において十八世紀の唯物論の延長線上に人間学的唯物論を展開することで、ヘーゲル学派の新たな潮流（いわゆる「ヘーゲル左派」）のなかでも重要な位置を占めるようになる。フォイエルバッハのヘーゲル批判によれば、ヘーゲルの構想において「主体〔主語〕」と「客体〔述語〕」の順序が逆さになっているために、これを転倒させなければならない。ヘーゲルによれば主体は、思考、概念、観念、そして意識であり、これらにとっての存在、自然、そして歴史が客体となる。しかし本当の意味での主体は、思考、概念、観念、そして意識なのではない。総体としての人間、身体と感覚を備えて自然のうちに存在するものとしての人間、これこそが現実の主体だというのである。ここから、宗教とは人間的本質が疎外されたことの結果であるという宗教理論が出てくる。疎外というのは、個人が神のうちに人類のさまざまな属性を投影するために、かえってこの人類のうちにみずからを見いださなくなってしまうことである。[39] こうした宗教批判は、その批判にもかかわらず、宗教を取り戻すということにつながる。というのもフォイエルバッハは、人間的本質を疎外し、そうすることで疎外されもする宗教の代わりに、人間の宗教、しかも人間自身に取り返された宗教を打ち立てようとするからだ。こ

(38) 生物としての人間に関心を寄せつつ、人間的諸能力の様態を生理学的観察に基づいて記述しようとすること。この様態を意識の観察に基づいて記述しようとすれば「合理主義的観念学」になる。その代表格はトラシーである。

(39) フォイエルバッハの宗教批判の要諦を一言で述べるなら、神が人間を作ったのではなく、人間が神を作ったということになる。ただし、ここで人間というのは、著者の言葉をつかえば「個人」ではなく「人類」のことである。人間は宗教において自己を「人類」として対象化しているが、しかし対象としての「人類」を構成するさまざまな「属性」を自分の本質として認識していない。なぜならこれらの「属性」は神を作るものだから。こうして神が豊かになればなるほど人間は貧しくなる。神は人間的になればなるほど、人間は人間性を放棄するというのである。

のような宗教は愛についての哲学となる。つまり人間についての、さらには感じることについての「唯物論」である。この唯物論において人間一般——人類として自己を認識する個人つまり「類的存在」のこと——は、あらゆる意味において「感じる」存在、感官の客体にして主体、感覚性と同じく感受性を備えた存在とされる。このことのうちに見てとれるのは、フォイエルバッハが啓蒙時代の思想に依拠しているということだ。ただし、啓蒙時代の思想はヘーゲル左派全体にとって発想源であったのだが。いずれにしても、このような「人間主義的な」観点から自然そのものが「人間の非 - 有機的な身体」として記述されうるのである。

しかもその後のフォイエルバッハの唯物論は、その著作に由来する思想的な流れの一つと合流することで生物学的な色彩をよりいっそう強めることになる（「人間とは食べたもののことである」）。というのもフォイエルバッハの著作には、マルクスの唯物論と同様に自然主義的唯物論が関連づけられるからである。

## 4　自然主義的唯物論

これは十九世紀を通じてさまざまな理由から多少なりとも抑圧され、その後の系譜と哲学史の編纂作業において過小評価され、さらには無視されてきた思想上の動きだが、それでも十九世紀のみならず現代の私たちにとって重要なものであることには変わりない。とりわけドイツとフランスが自然主義的唯物論の代表格だが、当時はイギリスとイタリアにもみられた。

ここでの関心は、唯物論のなかでもとりわけ生物学的な側面に向けられる。つまり、解剖学的、生理学的、医学的な観点からなされる基礎づけと正当化の作業である。ここから個別の領域のなかでも心理学的な問題に関心が向けられることになる。つまり「魂」と「身体」の関係に関する問題であるが、とりわけ個人の意識、行為、意志は身体によって決定されるという問題が取り上げられる。そこからいえるのは、このような唯物論が十八世紀の哲学と関係づけられ、また、とりわけフランスにおいてそうであったように、十九世紀の哲学のなかでもメインストリームにいた人々が好んで取り上げた問題構制《プロブレマティック》と考察対象に合致するということである。人間のさまざまな行為は器質的かつ脳神経的に決定されていると主張することは、自由主義的な展開（刑法学におけるロンブローゾ(40)の場合）を生むだけでなく、人種主義的な展開（一八五三から五五年にかけて執筆されたゴビノー『人種不平等論(41)』）も生んだ。とりわけこの人種主義的な展開のなかで唯物論はしだいに、当時の医学界と密接なかかわりを持った支配階級のものの見方ならびに利益と結びつくようになったのである。

このような医学上の見解は以前からあるものだが、その他にも生物学的唯物論を補強するのが進化論によってもたらされた成果である。進化論の影響は唯物論の枠組みを超え出るものではあるが、唯物論においてこそ特別な役割を演じたのであり、「社会ダーウィン主義」（「エリート」による支配は自然淘汰の法則によっ

(40) イタリアの精神病学者、法医学者。犯罪者の身体的特徴の類似性から生来性犯罪人説を提唱した。この説は、犯罪人の自由意志を前提としたそれまでの刑法理論にとって脅威となった。また、天才と精神病者の類似点を論じた天才論でも知られる。

(41) フランスの東洋学者、人類学者。主著『人種不平等論』において、純粋民族だけが身体的にも精神的にも純粋性を保ち、文化の退廃をきたすことがないと主張。そのような民族としてアーリア民族とりわけゲルマン民族を挙げた。ナチス・ドイツの民族理論はこの書物に影響されたといわれる。

て正当化されるとする）に依拠することでその「ブルジョア的な」側面が強調されるということもふくめて新たな痕跡を唯物論のうちに残したのであった。

さて、フランスにおけるこの種の唯物論は、観念学《イデオロジー》に由来するといえる。とりわけカバニスの観念学が挙げられるが、他にもガル(42)（一七五八－一八二八年）の骨相学によってもたらされた影響が挙げられる。ガルの骨相学にはさまざまな逸話が残されているが、それはさておいて、脳に関する解剖－病理学的な発見によって大脳機能の局在性という概念が導入され、また十九世紀を通じてこの概念が精錬されていった（H・エカン、G・ランテリ－ローラ『大脳局在論の成立と展開(43)』一九七八年）ことからもわかるように、この発見は重要な役割を果たしたのである。生物学的唯物論のなかでも重要人物として挙げられるのは、ブルセ（一七七二－一八三八年）である。ブルセは一八三〇年代に、講壇哲学としての唯心論《スピリチュアリスム》に対抗して哲学的唯物論を代表する人物として登場し、その後は数十年にわたって、当時は医学界に押し込められていた唯物論について考察するうえでの参照軸としてありつづけた。ところが、ブルセにつづく人々に関しては少なくとも弾圧と検閲のためにあまりよく知られていない。それでも医学アカデミー会員のジャン＝アンドレ・ロシュ（一七八七－一八五二年）を挙げることができるだろう。ロシュは、ヴィクトル・クーザンとその一派が祭り上げたデカルト的な唯心論に対抗してエピクロスとガッサンディを持ち出した。生物学的唯物論は、ダーウィン主義ならびに後述する幾人かのドイツ人たちがもたらした成果によって裏打ちされ、また、実証主義と新カント主義（とりわけランゲを仲介者とすることで）の様相を多少なりとも帯びることで、十九世紀末にはいっそう輪郭のはっきりとしたものになった。たとえば、フェリックス・ル・ダンテック（一八六九－一九一七年。『無神論』一九〇六年、『生命哲学の基本原理〔*Eléments de Philosophie biologique*〕』一九〇七年）、そしてとりわけジュール・スーリ（『概略唯物論史』一八八一年）といった人物が挙げられる。そしてスーリの哲学上の足跡〔人種が諸個人を制約する決定的条件だとする人種主義的決定論を一八八〇年代に主張〕は、シャルル・モーラス[44]が結成したアクシオン・フランセーズによる政治活動につながっていく。

ドイツでこの種の唯物論を代表するのは、エンゲルスにつづくマルクス主義の伝統のなかで「俗流唯物論者」という異名をもって呼ばれてきた人々である。彼らは、フォイエルバッハに、ということは十八世紀の思潮に関連づけられる医者であり、その主張はスキャンダルと論争を引き起こしながら十九世紀半ばに前景に迫り出してくる。そしてランゲの『唯物論史』へと引き継がれていく。実際に『唯物論史』の副題（「私たちの時代におけるその意義の批判」）は彼らの主張に照準を直接にあてたものであった。

さて、ここでの主導者はヤーコブ・モーレショット（一八二二－九三年）である。モーレショットは『生命の循環』（一八五二年）のなかで、宇宙における物質の交換は普遍的であるという考えを、化学の発展によっ

(42) ドイツの解剖学者、生理学者。骨相学の創始者として知られる。骨相学とは、大脳の各部はそれぞれ特定の機能を果たしており、大脳の外表面は頭蓋骨が忠実に表わしているから、頭蓋骨の外形をみれば各人の才能や気質を推定することができると主張するもの。
(43) 日本語訳は浜中淑彦と大東祥孝の共訳により、一九八三年に医学書院より出版された。
(44) フランスの作家、政治家。ドレフュス事件のさなかに王制復活を標榜する右翼政治団体「アクシオン・フランセーズ」を結成して、フランス言論界に大きな影響力をふるった。一貫して反共和主義を掲げ、フランコやムッソリーニなどのファシズムに好意を示す。ドイツ占領下のフランスにおけるペタン政権を支持し、一九四四年のフランス解放後、対独協力の罪で終身禁固刑に処せられた。

てもたらされた成果から引き出す。この交換のなかには、生、死、人間、そして思考がふくまれる。「燐《リン》なしに思考なし」――「思考が展開するためには脳が不可欠であることは、胆汁の生成にとっての肝臓、尿の分泌にとっての腎臓と同じことである〔ここにカバニスの文言が見いだされる〕。しかしながら思考は流体でも液体でもない。それは色あるいは音がそうでないのと同じだ。思考とは、脳内の物質《シュブスタンス》の運動であり変化である」。このモーレショットに結びつけられるのが、ルートヴィヒ・ビューヒナー（一八二四―九九年）の「エネルギー論的唯物論〔matérialisme énergétique〕」（アンティモ・ネグリの用語）である。ビューヒナーは『力と質料』（一八五五年）のなかで、伝統的な唯物論に帰されるさまざまな主題（経験論、無神論、魂の不死性の否定）、ならびに不滅という性質を与えられた力と質料《マチエール》の関係性という主題を展開している。さらに、カール・フォークト[45]（一八一七―九五年。『生理学書簡』一八四五―四六年、『盲信と科学』一八五四年）の唯物論的生理学もモーレショットに関連づけられる。いささか毛色が異なるのは、博物学者《ナチュラリスト》エルンスト・ヘッケル（一八三四―一九二〇年）である。ダーウィンから着想をえて世界を包括的にとらえる見方を打ち出した。つまり、進化という概念に基礎づけられた「一元論」である（『自然創造史』一八六八年、『宗教と科学の絆としての一元論』一八九三年、『宇宙の謎』一八九九年）。

　このような唯物論は、フランスに影響を及ぼしただけでなく、（またたとえばヴァシル・コンタ（一八四五―八二年）の場合のようにルーマニアへの影響と同様に）イタリアにも多大な影響を及ぼした（モーレショット自身、一八六一年からはイタリアで過ごした）。そのなかでも、著名な精神医学者にして犯罪学者であったチェーザレ・ロンブローゾ（一八三五―一九〇九年。『犯罪人論』一八七六年）に対する影響は計り知れないものがある。ロンブローゾにとって犯罪を説明するのは、身体的、生物学的、そして社会的な諸条件の総体であり、このような決定論的説明によって犯罪者の人格と行為に関する理解がもたらされる。そしてそれによれば、刑罰というシステムの基本とその仕組みに改変が施されることは必然的なことであった。

### 5 マルクスとエンゲルスの唯物論

マルクスとエンゲルスの唯物論を他の唯物論から区別する特徴は一つないし幾つかあるが、それはこの唯物論に後から付けられた「史的」と「弁証法的」という二つの形容詞によって示されるのが通例である。「史的唯物論」とは、あるいはカール・マルクス（一八一八－八三年）とフリードリヒ・エンゲルス（一八二〇－九五年）が実際に自分たちで使用した術語を用いるなら「歴史に関する唯物論的な解釈」とは、唯物論のほうに傾いていったマルクスが置かれていたさまざまな状況に由来するものである。マルクスはまずヘーゲル主義を批判（『ヘーゲル法哲学批判』、一八四三年の原稿）することでフォイエルバッハの旗印のもとにあった唯物論を支持するようになる。一八四四年の『経済学‐哲学草稿』において、そしてエンゲルスと共同執筆した『聖家族』において、その同調者として振る舞っているとおりである。しかし一八四五年春の『フォイエルバッハに関するテーゼ』のなかでマルクスは、フォイエルバッハは過去の唯物論がいずれもそうであったように机上の空論にとどまり、人間の実践的活動を議論の出発点にすえることもこれを参照軸にたてることもしていないと批判して、彼から離反することになる。人間の実践的活動とは、歴史の流れにおいて

(45) ドイツの自然科学者。思考を脳の分泌物とする唯物論を提唱。政治的理由でギーセン大学を追われ、ジュネーブ大学で教鞭をとる。ダーウィン主義を擁護。

とらえられるべき社会的諸関係の総体のことなのである。このようにその構想を反転させ変化させることから導き出されるのが、『ドイツ・イデオロギー』（マルクスとエンゲルスによる未完の共著、一八四五年から一八四六年にかけて執筆された）のうちに見いだされる次のような基本的定式である。「意識が生活を規定するのではなくて、生活が意識を規定する」[46]。ここでいう「生活」とは、その「現実的な諸前提」から説明されるべきものである。つまり、現実に存在している人間がその生存手段を用いて行なう生産活動、物質的生活にかかわる限りでの生産活動の進展に関する歴史――そこにはこの生産活動が人々のあいだに打ち立てるさまざまな関係［たとえば資本家階級と労働者階級の関係など］もふくまれる――そしてこの関係そのものに関する歴史である。このような考えは、その後もとりわけ『経済学批判』への序言《プレファス》（一八五九年）において取り上げられ、そして深められていく。マルクスはそこでいかなる意味において「物質的生活の生産様式が、社会的、政治的および精神的生活過程一般を制約する」のかを説明し、「人間の意識が彼らの存在を規定するのではなく、彼らの社会的存在が彼らの意識を規定する」[47]と述べている。さらにこのような考えは『資本論』を執筆するうえでの導線にもなる。

マルクスとエンゲルスは唯物論的な観点にたつが、そこから見えてくる歴史という事象、ならびにこの事象を理解するための方法のゆえに、彼らの唯物論には根源的な帰結がもたらされる。マルクスとエンゲルスの観点が歴史的なものである限り、このような観点にたつことで唯物論には、不可避的な仕方で時間的とみなされるプロセスについて考察することが課されるのだ。つまり、先行的に決定された必然性という図式が時間の流れのなかで単に実現するという意味でのプロセスではなく、それ自体がさまざまな関係の本質をなす限りでのプロセスについて考察しなければならない。関係というのはプロセスのなかで成立するものだからだ。また、ここで問題となっている歴史が、ということは関係が、まずもって社会的なものである限り、マルクスとエンゲルスの構想は、当時の哲学とイデオロギーを支配する、個人に基点をおいた心理学的ないし生物学的な観点と対立することになる。ここからより広い射程を持った唯物論が出てくる。つまり、ここで問題となっている「物質」とは、意識、思考、そして意志を備えた個人の器官の総体をかたちづくるものとしてのそれではない、あるいはそれに限られるのではない。それはまた、そして何よりもまず、社会のさまざまな構造、制度、イデオロギー、そして社会的意識のさまざまな形態をふくめ、社会というものを構成する諸個人の「物質的生活」にかかわる事柄の総体として、マルクスとエンゲルスにとっては根源的な社会的次元において規定されるのだ。したがってここで答えようと取り組まれる問いは、私たちの観念の起源、思想の生成、表象の発生にかかわるそれではない、あるいはそれに限られるのではない。むしろそれは、さまざまな社会の形成と編成、ならびに社会的発展のプロセスにかかわれるそれなのである。このような論点についてはいずれも多くをヘーゲルに負う。というのもヘーゲルはその哲学の中心に歴史の総体に関する考察をおいていたからである。

このような唯物論は、実践的なものである。これはフォイエルバッハに関する『テーゼ』にみられた〔マルクスの思想上の〕変化を特徴づける主要なアイデアである。このアイデアが意味するところは理論的である（人間の知的活動を説明するためには実践的活動を考察する必要があるとする第二テーゼを参照せよ）と同

(46) 大内兵衛・細川嘉六監訳『マルクス＝エンゲルス全集』第三巻所収、大月書店、一九六三年、二二頁。
(47) 大内兵衛・細川嘉六監訳『マルクス＝エンゲルス全集』第一三巻所収、大月書店、一九六四年、六頁。

時に、端的にいって実践的である（第三テーゼ[48]を参照のこと。「環境と教育の変化」というエルヴェシウスが提示した学説によって引き起こされる問題に応答するのは革命的実践のみである）。ここから有名な最後の文言が導かれる（第十一テーゼ）。つまり「哲学者たちは世界をただざまざまに解釈してきただけである。肝腎なのはそれを変えることである」[49]。これこそ『ドイツ・イデオロギー』が狙っていたところのものである。つまり、どのようにすれば歴史的プロセスは革命的実践を介して共産主義に至るのか、この問いを明らかにすること。この革命的実践は、『ヘーゲル法哲学批判序説』（一八四四年）に書き付けられた誓願を参照するなら、労働者の運動と哲学との融合を実現しつつあった。がしかし、この実践は、この融合は、そしてこのプロセスの分析は、政治経済学に関する批判的考察を前提にする。そしてこの考察はマルクス成熟期の著作（『経済学批判』と『資本論』）において、その唯物論にとっての要請ならびに手段として展開されることになる。

マルクスとエンゲルスの唯物論が「弁証法的」な性格を持つと言われるのは、それが資本全体の動きを分析し、階級と階級のあいだの闘争を現実のものにするという方向性を打ち出し、歴史と社会構成体《フォルマシオン》を主題的に取り上げるものだからである。なるほど「弁証法的唯物論」という言葉はヨーゼフ・ディーツゲン[50]とゲオルギー・プレハーノフ[51]に由来するものだが、マルクスとエンゲルスという創始者たちもまた、自分たちの方法をヘーゲルのそれと対立させるために唯物論的な弁証法について論じていた。この弁証法的な側面は、とりわけエンゲルスの著作（一八七八年の『反デューリング論』、一八八八年の『フォイエルバッハ論』、さらには後年に『自然の弁証法』という題名のもとに発表されることになる草稿）において強められていく。しかしエンゲルスの著作は、マルクスに共通するものの見方を発展させるものであり、また、マルクスが自分自身の方法を特徴づけるためにヘーゲルを参照する私的な場面（『書簡集』）における見解の表明とも公的な場面（とりわけ一八七三年の『資本論』第二版の後書き）におけるそれとも一致する。

なるほどマルクスは自分自身の方法をヘーゲルの考え方と対立させている。それは、ヘーゲルにおいて現実的なものは理念《イデー》が自己展開した結果であるとみなされ、また、現実的なものと理性的なものの目的論的な統一をもってあらゆる事柄が説明されるために、このような考え方が観念論的とされる限りにおいてである。とはいえマルクスは自分自身の方法を、このような考え方を反転させたものとして、逆立ちしているヘーゲルの考え方を起立させたものとして、あるいはその核心にある合理主義的なところを抽出したものとして提示している。そうすることで自分自身の唯物論を古代の唯物論ならびに「俗流」唯物論のうちにこだまする

（48）「環境と教育の変化にかんする唯物論的教説は、環境が人間によって変えられ、そして教育者自身が教育されねばならぬことを忘れている。それゆえこの教説は社会を二つの部分――そのうちの一方の部分は社会を超えたところにある――に分けざるをえない。／環境の変更と人間的活動または自己改革との一致はただ革命的実践としてのみとらえられうるし、合理的に理解されうる」（大内兵衛・細川嘉六監訳『マルクス＝エンゲルス全集』第三巻所収、大月書店、一九六三年、三―四頁）。

（49）大内兵衛・細川嘉六監訳『マルクス＝エンゲルス全集』第三巻所収、大月書店、一九六三年、五頁（訳文改変）。

（50）ドイツの社会主義者。皮なめし業を営むかたわら、独学で哲学を研究した。カントやフォイエルバッハの影響をうけつつ、マルクスとエンゲルスとは独立に唯物史観に到達した。主著に『人間の頭脳活動の本質――純粋理性および実践理性の再批判』（一八六九年（森田勉訳、未來社、一九七八年））がある。それによれば、思考は脳の所産であり、認識とは個別的なものから一般的なものへの発展であるという。

（51）ロシアの革命家、思想家。ロシア・マルクス主義の父。ロシア最初のマルクス主義組織「労働解放団」を組織。

その反響と対比させて特徴づけられるようになる。エンゲルスはこの対比について、しばしば引用される次の文言のなかでまとめている。「(……)弁証法というものは(……)事物とその概念上の模写とを、本質的にそれらの連関、連鎖、運動、生成と消滅においてとらえるものである(……)」[52](『反デューリング論』〔序説〕一)。弁証法は「外部の世界および人間の思考の運動の一般的諸法則に関する科学」に還元される。そしてヘーゲルから次のような「根本思想」が引き継がれる。「世界をできあがった事物の複合体として見るのではなく、プロセスの複合体と見なければならず、そこでは、見かけは固定的な事物も、われわれの頭脳のなかにあるその思想的模写すなわち概念におとらず、生成と消滅とのたえまない変化をとげており、この変化のうちでは、どれほど偶然事ばかり目にはいったりどれほど一時的な後退が生じたりしようとも、けっきょくは一つの前進的発展が貫かれているのだ、という偉大な根本思想[53]」(『フォイエルバッハ論』四)である。

ここでは何よりも二つの根本的な考えを強調することができる。つまり、プロセスという考えであり、全体性というそれである。

プロセスというのは、次のようなことである。弁証法はあらゆる事物に運動と変化という特徴を認めるが、それは、本質論を展開する形而上学によって諸事物と諸規則《デテルミナシオン》とに付されてきた永遠不滅という特徴と対立する。しかも伝統的な唯物論によれば、自然本性あるいは少なくとも人間の本性の優位が認められてきたため、それはこのような形而上学を引き延ばしたものといえる。それとは反対にマルクスは、本質よりも変化のほうが、事物よりもプロセスのほうが優位に立つとすることで、その弁証法の「批判的かつ革命的な」性格を肯定することができた(『資本論』第二版の後書き)。

全体性というのは、次のようなことである。プロセスそれ自体は全体的な運動においてとらえられた集合体であるが、この集合体をよりよく理解しようとするなら、たしかに分析という操作によってこれをさまざまな構成要素に振り分けなければならない。しかし集合体は、それを構成する諸要素よりも現実的なものである。そして弁証法的なものの見方をするなら、形而上学によってそうされるように、ついでこの点に関して「機械論的」と形容される伝統的な唯物論によってそうされるように、構成要素のそれぞれを分離したままにし、互いに独立した関係性のもとに並列するのではなく、それらの連関のうちに配置し直さなければならない（マルクスによる一八五七年の『経済学批判』への序説《アントロデュクシオン》とエンゲルスの『反デューリング論』〔序説〕一を参照せよ）。

こうして矛盾に関するヘーゲルの考えが取り上げられることとの説明がつく。全体の連関ならびに全体の運動について考えることは、諸事物の本質そのもののうちに内包される矛盾について考察することを意味するからだ。ここでの考察は具体的には、対立物の統一と対立物の相互浸透に関するものである。なぜならすべての構成要素はいずれも厳密には「それ自身」であることはなく、つねに他の構成要素との関係のもとでとらえられるからだ。また、矛盾とその仕組みに関しても考察される。それらによって、諸事物の個々の状態が発展したり止揚したりすることが説明されるようになる。

以上のことより弁証法の「法則」は一般的にいうなら、対立物の統一にかかるそれだということになる。

---

(52) 大内兵衛・細川嘉六監訳『マルクス＝エンゲルス全集』第二〇巻所収、大月書店、一九六八年、二二頁。

(53) 大内兵衛・細川嘉六監訳『マルクス＝エンゲルス全集』第二一巻所収、大月書店、一九七一年、二九八頁（訳文一部改変）。

より具体的にいうなら、生成の法則のことである。つまり、量から質への転化[54]ならびに否定の否定[55]であるが、これらは「跳躍的な発展」という原則をもたらす。そして、自然主義的唯物論の特徴、つまり究極的には進化主義にすぎないという特徴と対立する。なぜならこのような唯物論は、連続的な発展という図式にとどまっているからだ。

これが唯物弁証法の基本的な特徴である。こうしてエンゲルス自身は、この弁証法が人間の思考と活動の要請ならびに歴史の生成に合致するのみならず、自然におけるさまざまなプロセスそのものにも合致することを示すために、同時代の科学的成果に依拠することを試みるのである。

---

(54) 量の漸次的な運動が質の変化をもたらすということ。エンゲルスは『自然の弁証法』のなかでこれを取り上げている。

(55) すべての事物は内在する矛盾によって自己を否定し、出現した他者と対立するが、この対立はさらに否定されて、より高次の段階へと発展するということ。ヘーゲルにおける弁証法の根本法則の一つをなす。エンゲルスは『自然の弁証法』のなかでこれを取り上げている。また、本書一七七頁訳注8も参照のこと。

# 第三部　今日の唯物論

# 第一章　問題、境界、概念

## I　現代における唯物論の諸問題

大地から生まれた息子たちと形相の友人たちの対立は終わりなき闘いである。思索を志す者はどちらに与するかを選んだうえで、自分の立場を表明しなければならない。ところで、闘いの火蓋が落とされるのは、いつも同じ状況とは限らない。そして、どのような選択がなされたかを語る言葉は状況に応じて変化する。

哲学に寄せられ、そして唯物論が答えようとしてきた問いのなかでも、むしろ科学のほうが唯物論とともにまた唯物論のために答えてきたのではないかと思われるものがある。実際に原子核物理学において、〔たとえば〕今日《こんにち》知られている最小の単位の物質から構成されているものとしてのレンガ、あるいはこのレンガとレンガをつなぐ目地材としてのモルタルについて論じられたり、また、引き起こされたりする問いがどのようなものであれ、あるいは宇宙論上の幾つかのモデルにおいて提示される問いがどのようなものであれ、その答えを創造者や有機的構造の製作者を持ち出す思想に求めるのは時代錯誤である。また二十世紀にはいってから生命体について十分な知見が生化学によってもたらされつつあることから、生命の「本性」や「起源」に関する問題はもはや哲学が取り組むべきものとはみなされず、観念論的な解決策が受け容れられることもない。

しかしこういった指摘はそれ自体、哲学的なものである。哲学そして哲学と一体になった唯物論は、過去の問題が新たなかたちをとって明るみに出るたびに口を出さずにはいられないというのは確かである。ということはつまり、いつの時代も相変わらずそうだということだが……。いずれにせよ、科学と歴史によって新たな問題、要請、そして概念が表面化し、あるいはその時代に特有の問題になる限りで、哲学そして哲学と一体になった唯物論は口を挟まずにはいられないわけだ。しかも、このようにさまざまな問題が湧いて出るなかで唯物論は、哲学一般と同様に、反論や異論を巻き起こしかねない応答をする。なるほどこのような応答は、真理にかかわる次元からみればせいぜい将来に対する賭けであるとか予測にすぎないと言われるかもしれないが、しかし開かれた議論の場であれば、それに与するのに値するものである。

永遠の問い――永遠というのは、哲学と同じくらい古く、そして人間が存在している限り残りつづけるという意味である――しかも今日《こんにち》どのように提示されるかをはっきりさせなければならない問いのなかでも筆頭に挙げられるのは、唯物論とその幾つかの近接領域との関係をめぐって引き起こされるものである。ここでいう近接領域のなかでも特権的な対話者は科学であり、伝統的な敵対者は宗教である。この論点については本章第二節〔一五一－一六〇頁〕で論じることにしよう。

それ以外の問いとして現代の唯物論が応答することをみずからの義務とみなしているものに、歴史を通じて現在もなお論じられているさまざまな問いがある。それらはいずれも一つの問いに収斂するように思われる。つまり、唯物論はどのようにみずからのことを説明するのかという問いである。この問いはさまざまな観点から発せられる。〔第一に〕なるほど唯物論が哲学であることは確かだとしても、したがってそれは〔或る事柄を〕肯定し、さまざまな命題を主張し、真理であることを標榜する一つの思考であるとしても、真理としての役割ならびに思考という身分は、これらを「物質」のうちに位置づける観点のもとではどのように理解され正当なものとされうるのだろうか。なるほど、このような肯定という働き方をする思考とはつねに〔或る何らかの〕立場をとることであるとしたら、ということは、この立場を自分のものとして取り入れる主体による選択と発意ということが想定されるとしたら、〔第二に〕いったいこの発意は、物質から思考へと至る一連の過程のうちにどのように位置づけられうるのだろうか。なるほど〔あれこれの立場の〕選択と哲学のそれぞれが、諸観念の歴史——それ自体は歴史一般に帰属する——を構成するさまざまな文化的体系のうちに組み込まれるとしたら、〔第三に〕私たちはその出現を人間存在の「物質的な」諸条件からどのように説明することができるのだろうか。とりわけこの最後の問いに関していうなら、マルクス主義こそそれ以前の唯物論に対して〔この問いの処理の仕方において〕優っていることを自負したのであった。というのもマルクス主義は、観念の表出と生成を説明するための原理として、「イデオロギー」という概念を導入するとともに、諸階級の構造と現状ならびに権益という概念を、さらには、これらの事柄について諸階級間の関係ならびに衝突によってもたらされる意識という概念を導入したからだ。この点で十八世紀の唯物論者たちは、見識を備えた個々人によって伝え広められた啓蒙思想の真理がどのように出現し、それが大衆の無知に対して、さらには権力者のために聖職者たちがみせる欺瞞に対してどのように勝利をおさめていったのか、ということについて大まかな説明しか持ち合わせていなかった。なるほど啓蒙思想家たちの唯物論が、同質的な原因と結果の必然的な連鎖によって現実というものの全体像を描き出そうとし、かつ、事物が感官に及ぼす作用の結果として思考する存在のことをとらえる限りで少なくとも「機械論的」であると形容することができるとしても、それでは先の二つの問いについて答えることができたかといえばそうではなく、むしろ最後の問いの場合よりもそうすることはずっと難しかったのは確かなのである。

したがって、過去に唯物論がたどってきた歴史のために今日《こんにち》の唯物論は、幾つかの問題を提示してこれに応答するということを余儀なくされるように思われる。しかもこれらの問題は、領域的と呼ばれうるようなものである。そしてそうであるからこそ今日の唯物論はまず、これまでの分かちがたい関係性を断ち切ること、あるいは幾つかの連繫を緩やかなものにすることから始めなければならないのだ。

ここでいう連繫として念頭におかれているのは、いつの時代もそうだと思われるが、一方で唯物論と経験論の結びつきのことであり、他方で唯物論と必然論――かつては「宿命論」と呼ばれた――の結びつきのことである。なるほど唯物論において思考に対する事物の優位性が否定されることはありえない。したがって、物質が意識に及ぼす作用の結果である感覚という知覚が、認識論的な観点からいって重要な地位を占めることになる。しかも、そのことによって思考に対する事物の優位性は特徴づけられるし、また、そのことがこの優位性の証左にもなる。だからといって、感覚論的心理学と経験論的認識論を採用しなければならないということにはならないだろう。つまり、唯物論のなかにも知に関する合理主義的な理論の占める場所があるはずなのだ。それは、思考する物質の物質一般に対する影響力について説明し、したがって、唯物論的な理論が存在するということを明らかにしてくれる。同様に事物の世界から科学が客観的に引き出すさまざまな規定を否定することも問題にはなりえない。ここでいう規定とは、事物の世界が人間の世界に課し、そうすることで人間の世界を統べるものである。とはいえ、事物から構成される領域のうちに、偶然的なもの、可能的なもの、蓋然的なものを認め、さらには無秩序から「秩序」が生成することを理解する余地がないわけではなく、また人間が構成する領域についても、主観性や自主性《イニシアティヴ》を認め、個々人が歴史のなかで下す選択について理解する余地はある。そしてそうするためには、プロセスのうちに認められる絶対的な意味での必然性というものが、じつは精神の論理‐数学的な活動の産物である必然性を観念論的に普遍化したことの帰結である、ということをまずは理解しなければならないだろう。

より精確にいうなら、唯物論が新たに応答することをみずからの義務としなければならないのは、精神ならびに諸価値に関する伝統的な問題についてなのである。

おそらく、精神を実体として、あるいは物質ならびに生命とは異質で、それらから独立した高等な原理として表象する以前からのやり方は、今日《こんにち》普通に唯物論と対置されるものではない。しかし、精神というものを伝統的に特徴づけてきたその存在形式つまり意識とか主観性一般というものに関して非常に古くから提示されてきた問題や反論はいまなお残っている。精神の内奥、表象作用、そして感情に固有の特徴を物質から構成される外的世界によって説明するにはどうすればよいのだろうか、ようするに物質はどのように思考することができるのだろうか、という昔からの問いは相変わらずその今日的意義《アクチュアリテ》を失っていないのだ。その他の伝統的な問いとしては、理念的なものに関するものがある。たとえば論理‐数学的な理念性などがそうだが、思考にとっての対象物であるこの理念的なものには、自己完結的な真理性が備わっているように思われる。そして意識は、この対象物を作り出すというよりは、この真理に到達しようとする。この「理念的なものの集合体である」形相界が明らかに自己完結的なものであるという考えは、構造と象徴《サンボル》という現代的な概念とともに新たな様相を呈することになる。構造とは、さまざまな要素からなる、というよりも、さまざまな要素のあいだにあるもののことである。そしてソシュール言語学は、要素よりも実在的かつ根源的な、二項対立という構造そのものに言語の組成と機能を帰着させようとした[1]わけだが――いわゆる「構造主義」であり、その基本方針を人間に関する諸科学に全面的に応用することが試みられた[2]――、この二項対立という構造には自己完結的な存在形式は備わっていないのだろうか。あるいはこの構造は、物質的な存在に還元することのできない論理的なタイプの実在性のことではないのだろうか。象徴という次元は、人間の行動と作品を物質的な存在に還元できないものとして特徴づけ、したがってその分析には物理的説明とは異質の方法が求められるのだが、象徴自体が〔他とは別の〕領域を独自に構成しているため[3]、上部構造と下部構造[4]が取り結ぶ因

---

(1) ソシュール言語学では言語体系を考察するにあたって、ラングとパロール、シニフィエとシニフィアン、ラングとランガージュといった二項対立的な図式化ないし形式化が行なわれる。

(2) ここではたとえばソシュールから多大な影響をうけたレヴィ＝ストロースの『野生の思考』における議論を想起しよう。レヴィ＝ストロースによれば、あらゆる社会は幾つかの二項対立の組み合わせで表現できるが、どの二項対立をとっても、一方の選択肢を他方より優先する客観的な根拠は存在しない。したがって或る社会と別の社会とのあいだには優劣を認めることはできないが、しばしば人はみずからの社会を他の社会より優位にあるとみなしたがることが批判される。

(3) ここではたとえばカッシーラーの『シンボル形式の哲学』における議論を想起しよう。カッシーラーによれば、精神の主要な働きは精神に与えられた入力を客観化することだが、この客観化作用の結果としてシンボルが創造される。シンボルとは、認識作用が作り出した虚像のことであり、それと直接に対応するものが感性的所与にあるわけではなく、対応関係がないがゆえにシンボルの集合は自己完結的なものとされる。

(4) 史的唯物論の基本概念。社会の経済的土台のことを下部構造といい、その上に形成される政治・法律・宗教・道徳・芸術などの意識形態（イデオロギー）と、それに対応する制度・組織のことを上部構造という。上部構造は、下部構造による制約をうけるとともに、反作用を及ぼす。

果論的な依存関係という観点から理解することは不可能ではないだろうか。その他の観点から発せられる問いとして、文化という領域が社会においてとる精神的な存在形式《フォルム》——ヘーゲルなら「客観的精神」、デュルケームならその社会学の対象である「集合意識〔集合表象〕」、それ以外の社会学者なら、物理学にとっての対象ではないような「対象」、説明されえずただ理解されうるだけの「対象」——については、どのように説明すればよいのだろうか。

以上の理論的な問題は、さきに言及した対象がまさしく個人と集団の決定と行動を規定したり方向づけたりする価値のことであるとすれば、実践上の問題に通じることになる。唯物論はつねに反道徳主義であるとか無道徳主義であると批判されてきた。反道徳主義というのは、唯物論が理想的な目的の汚れなきことを見誤り、快楽を追い求めたり打算で動いたりすることだけを行動上の動機とすることで、悪徳と犯罪を正当化しているとして非難される場合である。無道徳主義というのは少なくとも、唯物論が、実践において本当に選択すべきことは何かということにかかわる原理を示せない、命令法という仕方ではなく直接法という仕方〔フランス語文法で、現実の出来事を話者の希望や願望をふくめずに語る方法〕でしか表現できないという限りで、いかなるものであれ義務を正当化できない、とみなされる場合である。道徳的価値の正当化に関する問題、あるいは新たな価値観の創出に関する問題は、唯物論がマルクス主義というかたちをとって政治の領域に特権的な仕方で位置してきただけにますます取り上げられるところとなっている。つまり、個々人が作り出す法則ではなく、彼らを翻弄する法則にこそ社会運動は従うとしたら、政治的な参加《アンガージュマン》そのものや動機づけをいかなる仕方で正当化すればよいのだろうか、と。

# II　唯物論とその対話者

## 1　唯物論と宗教

十八世紀以降に唯物論的思想がみせた展開、宗教的な「蒙昧主義」に抗った啓蒙思想家たちの闘い、この闘いがもたらした帰結とさまざまな局面におけるその今日的意義《アクチュアリテ》のことを念頭におくなら、唯物論は宗教に対するアンチテーゼとして立ち現われてくる。しかも一見したところこのことは、唯物論的な哲学が最初に成立したときのことを〔あらためて〕確認させてくれるように思われる。

しかしながら、古代さらには古典主義時代において唯物論と宗教が対立することになった由来とこの対立のさまざまな表出をもう少し詳しく考察してみるなら、事態はいっそう複雑な様相のもとに立ち現われてくる。エピクロス主義を標榜した唯物論者たちは、至幸にして不死なる神々、しかも思考を通じて〔私たちに〕知られる神々が存在していることを肯定し、大衆の非合理的な信仰ならびに聖職者たちの疑わしい動機に、自分たちの哲学こそが可能にする本当の意味での敬虔を対置した。そして、このエピクロス主義的宗教が彼らの教義の礎になったと考えられている。古代におけるそれ以外の主要な唯物論的哲学であるストア主義に関していえば、それは、摂理をもって宇宙を構成する偏在的な神性に関する汎神論的テーゼに依拠し、全体的に宗教的な性格を帯びたものといえる。そしてそのために、キリスト教思想家たちに着想をしばしば与えることになった。つまり、唯物論と宗教という対立は、少なくとも歴史的な観点からすればニュアンスを与える必要があるのだ。

これは明らかな逆説だが、このような逆説が生ずることの第一の理由は、唯物論者と宗教家の立脚地がそれぞれ違うことにある。唯物論は一つの哲学的な立場であり、その限りで合理的なものに帰属し、少なくともその意図からすれば科学的な知識に結びつけられ、各人の理性に訴えかけるということを行ない、文明が誕生してそれなりの時間が経過してから科学と哲学とともに登場した。それに対して宗教のほうはどうかといえば、さまざまな社会における意識のあり方としては非常に古くからあり、信仰と感情に帰属し、信者たちからなる共同体に参画することを拠り所にし、最低限の制度なしには立ち行かないということを想起しよう。それぞれ異なった存立基盤をもち、異なった意識の領域に位置づけられるということから、唯物論と宗教は厳密にいえば交叉しないということが生ずる。また〔交叉しないからこそ〕、個々人あるいは集団の表象の内部において、そしてまた諸観念の体系の内部においても、両者が共存するということのみならず、あらゆる仕方で並列、連携、混合するということの可能性と現実性について説明がなされることになる。

そのようなわけで、宗教上の諸対象――一神教の神あるいは多神教のそれ、魂など――ならびに諸実践を一つの唯物論的理論として組み立てる有神論的理論を内包するような学説が見いだされることになる。たとえばエピクロス主義の場合であれば、十七世紀におけるホッブズの哲学（万物は物質であり、神それ自体も魂と同様に物質的存在であり、したがってこの魂は可滅的であり、最後の審判のときに身体とともに復活するとされる）が対幅の片方をなす。ここに見いだされるのが宗教的な事柄をそれぞれの仕方で取り込む唯物論的哲学の事例であるとすれば、ストア主義の場合はむしろ宗教的唯物論とでもいうべきものである。というのは、哲学的実質（全、ロゴス、原因など）を神聖化するとともに、神的なものを物質のうちに取り込むよりはむしろ物質的なものと神的なものを同一視するからである。こうして宗教的な性格は、副次的なものにとどまるどころか学説の核心をなす。あるいはフォイエルバッハにおける人間と愛をめぐる宗教的考察であれば、それは独自の仕方で十九世紀におけるもう一つの宗教的唯物論を形作っているといえる。

もし宗教的唯物論があるとしたら、いやそれどころか唯物論的宗教というものがあるとしたら、それはおそらく宗教のうちに或る種の唯物論的基盤が認められるからだろう。つまり宗教は理神論的哲学とは異なり、人間の具体的な現実、人間の欲望と不安に根ざしているために、物質と生命を何らかの仕方で神聖化せずには済ませられないのだ。そしてこの神聖化こそ、エレウシスの秘儀(5)の核心部分をなすのであり、また、キリスト教における秘蹟としてたとえば聖変化のようなものとしてキリスト教なりの仕方で表現される。ここから〔唯物論と宗教のあいだには〕矛盾を孕《はら》んだ転移と予期せぬ共犯が成立することになる。

---

(5)「エレウシス」はいわゆる密儀宗教のひとつ。その起源は『デメテル讃歌』(紀元前七世紀頃に成立)が伝えている。豊穣と大地の女神デメテルの娘ペルセポネが友人たちと花摘みをしていたとき、地下と冥府の神ハデスにより黄金の馬車で連れ去られた。母神は娘を探し出すべく世界各地を訪ねたが叶わなかった。やがて太陽神ヘリオスから事情を聞いたデメテルは、怒りのあまり天界を下り、老婆に変身してエレウシスという土地に来た。そして娘を取り戻すべく天界には帰らずに地上に旱魃を引き起こした。そこでゼウスは、ペルセポネが一年の三分の一はハデスのもとに、三分の二は他の神々のもとで暮らせるように取り計らい、ハデスとデメテルを和解させた。そしてデメテルは、自分を神とは知らずに温かく接遇したエレウシスの王たちに穀物の栽培法と「秘儀」を伝授した。ハデスと暮らす四カ月が冬季を表わすのか夏季を表わすのかは諸説ある。いずれにせよこの神話は、ペルセポネが種子を象徴し、不毛の四カ月を過ぎて大地に実りをもたらすという農耕の起源を表現していると考えられている。また「秘儀」のほうは、デメテルとペルセポネを祭るエレウシスの聖域で毎年秘密裏に行なわれたため、仔細は定かでない。いずれにせよ、これに参加した者に死後における幸福を約束するものであったと考えられている。

それでも総じて問題は今日《こんにち》、別の観点から出される。そしてそれは、このような唯物論と宗教の結びつきを可能にするさまざまな条件――端的にいえば宗教が文化的に支配力を持つこと――が一般的にいってもはや成立しなくなった限りにおいてである。となると〔唯物論と宗教のそれぞれが〕拠り所とするもののあいだに走る亀裂が深くなり、両者のあいだの関係はまずもって、宗教的教義を組織する観念論（物質と身体〔物体〕に対して、精神、創造者、ならびに被造物が優位となる）と唯物論的な概念ならびに命題とのあいだに理論的な観点から生ずる根源的な対立というそれになる。この対立関係は、とりわけ個人にとっては線引きとして現われるし（信仰を持った知識人であれば学問上は唯物論的なものの見方をとることができるし、社会的かつ政治的な領域においては史的唯物論の立場をとる聖職者もいる）、制度にとっては（たとえば教会と政党ないし国家のあいだであれば）妥協として現われる。そしてこの妥協というのはそれ自体、互いに互いの領域（公的領域と私的領域）を制限するという関係性に立脚する。それでもこのような妥協がどれほど不安定なものであろうとやはり可能なことであるとしたら、それはまさしく哲学的唯物論が宗教のうちに自分の敵対者を見いだすからではなく、〔自分にとっては無関係で、敵対者ですらない〕他者を見いだすからである。つまり、唯物論は「無神論」であるという物言いは宗教的な見地に立ったときだけ意味をなすのであって、高度化した唯物論の観点からすれば、「無神論」の「無」を厳密に解さない限り、問いをこうした仕方で提示することはできない。ようするに唯物論は神を否定するのではなく、神について論じられうる領域とは単に異質なだけなのである。

## 2 唯物論と科学

唯物論が科学と取り結ぶ関係は〔唯物論と宗教の関係とは〕別のタイプのものである。つまり〔唯物論と宗教の関係がそうであったように〕外在的なものでは全然ないように思われるのだ。

実際に広く受け容れられている考えによれば、科学とは唯物論的であり、唯物論とは科学についての哲学である。

哲学史のうちに探りを入れてみると、このような考えは強力な保証人を擁していることがわかる。そしてそれは、唯物論的では全然ないような体系についてもいえる。実際にたとえばデカルトは神とその神によって創造された思考実体に関して、その後の観念論的哲学の大半を用意する形而上学を展開したとしても、延長実体に関しては、つまり、自然を対象とする当時の諸学問にとって到達可能な領域においては、機械論的唯物論の典型となるような、そしてそのような唯物論にとって源泉となるような見解を提示した。十八世紀の後半にはカントの超越論的観念論によって、感性的経験と科学的認識に絶対的な価値を認めるのではなく、その射程を〔物自体の〕現われに関する認識に限定するということがなされたが、その代わりにこのように限定された領域に関しては感性的経験と科学的認識に全面的な権限が認められることになった。そして感性的経験と科学的認識はこのような権限を備えているために、現象界に関しては厳密な決定論の原理に従った法則を打ち立てることが可能になった。そうすることで精神的力の介入は〔現象界から〕完全に排除され、そういうものとして当時の唯物論に着想を与えた。十九世紀から二十世紀にかけてはベルクソンによって、持続、生命、そして精神に到達する形而上学と延長ならびに物質を対象にする科学とが分離された。そして物質は、科学にとって典型的な対象であるとされた。それというのも、科学それ自体は知性による構築物であるが、すぐれて物質を認識するのに適した手段だといえるからだ。さらにカントの伝統を引き継いだランゲは、唯物論こそ知識人がそこから物事をとらえ、またそうしなければならないところのものであるという考えに自身の唯物論史の核心部分を依拠させた。とはいえそれで話を終えられるわけではなく、絶対的な意味での現実、思想、そして諸価値については観念論の出番であるとされるのだが。いずれにせよ唯物論と科学のこのような結びつき——唯物論の広がりに縛りをかけようとして科学の領域を劃定《かくてい》することに導かれた哲学者たちは結局のところこの結びつきを容認している——は、唯物論に与する思想家たちの大半にとっては留保なしに要請されるものであった。たとえばエピクロス主義者たちがそうであるが、彼らにとって現実の総体について実質的な認識をもたらすのは原子論的自然学だけであった。また、デカルト主義的ないしニュートン主義的な機械論と同様に、当時の化学、自然諸科学、そして医学をも援用した十八世紀の唯物論者たちにとっても、また、諸科学の総体と唯物論の結びつきを主張し、エンゲルスが試みたようにこのような主張の根拠を諸科学の歴史に依拠させようとしたマルクス主義者たちにとっても、この結びつきは留保なしに要請されるものであった。

実際に諸科学の歴史は多くの点で唯物論の正しさを示してきたように思われる。現代において科学上の偉大な発見や変革がなされるたびに、唯物論上の多くの学説にとって障害となってきたものがひっくり返されたり、それに揺す振りがかけられたりし、また、新しい議論の流れが唯物論のうちに引き込まれもした。つまり、そうした発見や変革は唯物論が前進するための機会をもたらしたのである。こうしてコペルニクス主義は、物質的な次元での宇宙の単一性——天も地も同じものである——という考えを用意することになった。十七世紀には機械論において慣性の法則が整備されたことで、物体〔身体〕の諸運動の連関のうちに精神的力が介入する余地はもはやないとされ、十八世紀以降に慣性の法則がさまざまな領域に応用されていったように、機械論的唯物論の一般化は当然のこととされるようになった。また、物理学上のさまざまな法則と因果関係とがしだいに統一されていくことで、物理学の領域において唯物論の適応範囲が拡大していった。それにつづいて、生命現象と人間のさまざまな行動が科学的に統一された視点から論じられるようになったおかげで、唯物論的なものの見方を「素材《マチエール・ブリュット》〔加工されていない自然のままの物質〕」に限定していた縛りが解かれるということなども生じた。

　しかしながら、科学と唯物論のあいだに素朴で単純な方程式を立てることは慎まなければならない。むしろ、それぞれの視点と次元の相違について説明しなければならないし、この相違が原因となって生ずることについても説明しなければならないのだ。

　ここでの相違の前提をなすのは、科学それ自体と哲学――唯物論はその一つの形式ないし見解である――を隔てる距離である。そしてこの前提を強調するのが、科学的な方法論のうちに唯物論の居場所を確保することで文字通り哲学的な次元においては科学的な方法論に絶対的な価値を認めない哲学者たちである。この点に関していうなら、唯物論とは機械論的法則の支配下にある属性をその特徴とする物質的実体のさまざまな顕現に存在物《エットル》のあらゆる形式を還元する形而上学のことであると解しても、それは根拠に乏しい結論づけというものだろう。そして、このような結論の導き方に寄せられる伝統的な反論のほうが優れているのだ。つまり、機械論的な運動と意識の事実は共約不可能であるとか、物質の存在を措定する感覚作用のうちに意識の事実をあらかじめ想定してしまっているといった反論である。そこから次のようなことが生ずる。唯物論的な視点が、さらには科学それ自体が、哲学的真理を精神の形而上学――それは現実的なものであるか、可能的なものであるか、あるいは単に空想の産物であるかを問わず――の管轄下に留め置くような枠組みのうちに取り込まれるという極端な抑制である。実証主義のほうはどうかといえば、形而上学一般にいっさいの正当性を認めないために同じような抑制をうけるに至る。つまり〔実証主義者がいうところの〕科学が対象とするのは、実験をもとにして、その範囲内で成立するさまざまな現象と、この実験結果に適用される論理的な操作のあいだに打ち立てられる関係性だけであり、そのために科学は結局のところ現実〔実在〕それ自体について何も語ることがない、という事態である。したがって、唯物論は科学に立脚しているという主張は、その前提からして破綻しているといえる。なぜなら、科学には哲学的なところなどなく、唯物論とは一つの形而上学に他ならないからだ。

このような主張はそれ自体、或る次元と別の次元を混同してしまうという危険を孕《はら》んでいる。そのために歪曲や単純化、さらには混乱といったことが引き起こされかねない。それはたとえば、万能な科学（「科学至上主義」）という名のもとに哲学一般さらには唯物論さえもが排除されるという混同である。あるいは逆に（とはいえ相対立する関係にあるものは互いに近しいのだが）、科学、その方法、そのプログラム、さらにはその産物を、唯物論に由来する哲学的なア・プリオリ〔先験的事象〕に付随させる（それはスターリン時代にみられたマルクス主義的教条主義《ドグマティスム》の場合であり、「ルイセンコ論争」(6)はその最も忘れがたい事例である）という混同である。

科学の歴史は端から端まで、唯物論に関する講義として理解されうるわけではない。観念論を代表する人々がさまざまな機会に主要な論点に関して果たしてきた役割を考慮に入れる必要があるのだ。このことがとりわけ明らかなのは、一方で数学の場合（ここでは古代の幾何学を全面的に動かしていた主要な概念のこと、ならびに数学者たちが数学の対象のうちに精神による純粋な産物のみならず自己完結的な実在性を見てとる傾向のあることを念頭においている）であり、他方で生物学の場合（有機体の特徴とその性質をとらえるために過去幾世紀間にわたって「生気論」の重要性がいわれてきた）である。しかし数学と生物学だけでなく、おそらく「物質」に関する諸科学——物理学や天文学など——においてもそのことは明らかだと思われる。そして、秩序、調和《ハルモニア》、自然法則といった、現代の認識論を構成する諸観念が、古典主義時代の形而上学的合理主義から重要な補強をうけたことは少なくとも確かである。一般的にいって、各時代における科学上の多種多様な所与——具体的には〔実験や観察の〕結果、問題提起、研究活動、さらにさまざまな概念——が観念論的な解釈や展開の対象になったり、その機会となったりしてきたことをどのように無視すればよいというのか。

したがってここでもまた、或る次元と別の次元の相違を考慮に入れる必要があるのだ。一方にあるのは科学的な認識であり、それは操作的な概念化を通じて、また、さまざまな実験技法によって、現実に対して影響力を行使する。実験技法が対象とするのは、或る限定された事物の領域である。そして個々の実験技法は一方が他方を条件づけるという関係にあり、かつ、必要な検討を部分的に積み重ねた後に決定的な仕方で得

（6）旧ソ連の生物学者T・ルイセンコによれば、生物体の遺伝性を規定するのは固定的な遺伝子ではない。環境因子によって形質の変化が引き起こされ、かつ、その獲得形質が遺伝するとし、遺伝の人為的支配が可能であるとした。メンデル＝モーガン遺伝学に反対する遺伝学を展開したわけだが、現在その学説は認められていない。ルイセンコ説は一九三四年に発表され、スターリン政権下ではマルクス・レーニン主義の弁証法的唯物論を証明するものとされた。そのために、当時のソ連の学界ではルイセンコ説に反対する学者は処刑されたり、強制収容所に送られたりするなど粛清された。

られるものからなる実験結果にたどり着く。そして他方にあるのは、哲学的な概念である。それは直接的にはこのような事物とかかわりがあるわけではないが、科学的な認識を特権的な仲介役とすることで、実在的なものの領域ならびにそれに関する知を成り立たせている骨組みをその総体のもとで把握したり定義したりする。しかも論理的な操作あるいは特定の実験結果によって個々の骨組みの有効性に白黒をつけることなくそうすると主張するものである。したがって、科学的な真理と哲学的な観点からの眺望は異なる。しかもそれは、科学的な真理と哲学的な観点からこの真理に与えうる唯物論的な意義や効果のあいだには直接的かつ即時的な関係を成立させることができない、という意味での違いである。つまり、科学上の動きが唯物論的な方向に進んでいき、そして、科学的な考察のなかで或るときに観念論的なものとしてあったものが最終的に消滅するのは、まさしく長い時間をかけてのことであり、またそのようにいえるのは、全体的な視野にたつ限りでのことなのである。そして、科学的な実践と理論そのものにおいて観念論が実際のところ何ら役割を果たさないということが認められうるならば、これを示せるのはやはり哲学的な眼差しだけである。

それは控えめな眼差しである。もし唯物論的考察が批判的考察として介入することで、危機的状況のただなかで、知識を備えた良心の邪魔をする曖昧さや不確かさを克服するための一助になるとしても、この唯物論的考察が、良心の代わりになって物事に決着をつけたり、規則を打ち立てたりするということはありえない。むしろ唯物論は、現在の状況に適合した諸概念をこしらえ、そしてもし将来可能であれば、科学を発展させるという困難な課題を引き受けるのである。

唯物論的哲学を下支えする諸概念は実際のところ、歴史を欠いていると同時に、或る一つの歴史と不可分な関係にある。それは歴史というものそれ自体が現代の唯物論において主要な概念の一つであるという限りにおいてである。

# Ⅲ　幾つかの概念

## 1　世界と同じくらい古い概念

物質という概念が一つの抽象物であるということは、唯物論に対する批判にもなれば唯物論を正当化するものにもなる。ただしここでいう正当化とは、当初の目的を逸脱するという危険を冒さざるをえないものであるが。

物質とは一つの抽象物であるということの意味は次のとおりである。つまり物質とは、経験的に知られる或る特定の中身によって定義することができない一つの哲学的な概念であり、非物質的なものから物質を一回限りで切り離す一つの属性ないし幾つかの属性の組み合わさったものである、ということだ。物質が延長だけで特徴づけられたり（デカルトを参照せよ）、衝突と抵抗によって特徴づけられたりした（原子論者を参照せよ）ことは確かであり、機械論的な文脈における質量や化学物質の諸性質などによって特徴づけられることもあった。物質をどのように特徴づけるかは、いずれも或る特定の時代において世界がどのように科学的な見地から理解されていたかということに対応しており、その特徴づけが物質的「実体」の哲学的な表象のうちに表現されることになる。そして過去のさまざまな唯物論はこの表象のそれぞれに依拠するのだ。しかしながら次のことは明らかである。つまり、木を見て森を見ずということのないようにするならば、古代の原子論であれ古典主義時代のそれであれ、原子と空虚の両方が、ここで私たちが関心を寄せている物質というものを構成するのであって、エピクロスがそうしたように、空虚とは「非物質的」であると述べたからといってそれは観念論的な主張にはなりえないのである。それと同じように、現代の物理学において、質量を持った粒子という狭義の「物質」だけが物質という範疇《カテゴリー》にふくまれるのではなく、粒子と粒子を結びつけるさまざまな力や〔力学や電気などの〕域などもまたこの範疇のうちにふくまれるのである。

物質を概括的に定義しようとして、物質より一般的な他の概念を持ち出すことはできない。というのも他の概念と同様に、物質は或る関係性のもとにおいてしか意味をなさないからだ。つまり「思考」との関係である。そして、唯物論が自分について十分に理解すべきだとしたら、それは物質と思考の関係を起点にすることで可能になるのだ。その意味で物質とは、思考――あらゆる意味での思考――の反対側にあるものであり、また、思考がみずからの成立条件として自分自身に提示するよう導かれるところのものである。しかもこのような仕方で物質をとらえることは、観念論のほうでもその前提として機能する。つまり、明らかに思考は物質を自分自身との関係でしか措定することができないということである。そこから不可避的に導かれるのは、思考あるいはそれに類似したものが、実際的な仕方で物質を措定するのだという結論である。しかしこのような前提は、偽推理《パラロジスム》に陥ることなしに正当化しようとしてもそれに値するものではありえない。その反対に、思考は物質の優位を認めなければならないというのは、しばしば反映論と呼ばれるもの[7]――いずれにしてもあまり大げさに反映テーゼなどと呼ばないほうがよいだろうし、通常は経験論的な形式のもとで理解されるとしてもそれとは区別すべきだろう——に関する理解としては、異論の寄せられることが最も少ないものである。

もしマチエール〔物質、質料〕という哲学的概念が或る種の関係性のもとにおいてしか意味をなさないとしたら、この意味づけや関係性そのものは歴史的なものだ。ここでは次のことを想起するだけでよしとしよう。つまり〔質料《マチエール》という〕術語と概念はアリストテレスにさかのぼること、アリストテレスによれば、質料は形相によって限定される非限定的なものであるため形相との対比のもとでとらえられること、つづいて古典主義時代になると、物質《マチエール》はそれ以外のさまざまな実体、少なくとも魂とか精神という実体から区別された一つの実体であるという意味が支配的になること、そして唯物論のほうは魂や精神を物質的実体に帰着させること、である。物質がこのような仕方で意味づけられることで、マチエールという概念に幾つかの重要な特徴が与えられたことは確かだ。質料はたとえば形相と対比させられることで存在とか現実に関する一つの原理のことを意味するようになったわけだが、それはもう一方の形相によって意味される知性的で叡知的な要素あるいは側面に対立する。古典主義時代になると物質は実体として、広がりや重さといった測定可能な属性によって定義することが可能になった。しかもそうされることで物質そのものに知解可能という規定が新たに与えられることになった。しかし今度はこの規定が乗り越えられることになる。それは、化学、電磁気学、原子物理学、そして原子核物理学などの領域において物質のさまざまな属性や〔他のものとの〕関係性が一新

（7）認識とは人間の意識の外にある世界を模写して反映することをその本質とするという見解。レーニンが『哲学ノート』において提示した。

されることで、物質一般を説明するやり方が拡充されたためである。マチエールという概念をめぐって次から次へとその時々に与えられる内容に応じて、唯物論の形式もさまざまな姿をとる。しかし、古代にこの概念が意味していた内容が何もかも失われたわけではなく、その後の時代に多かれ少なかれ取り込まれたため、突如その姿を見せることがある。それはたとえば、当時まだ新しかったマテリアリスムという術語が十七世紀に使われ始めたとき、古代における質料《マチエール》と形相《フォルム》という対立軸が念頭におかれる場合が何度かあったことなどである（本書の第一部・第一章・第一節〔一三―一九頁〕を参照せよ）。また、ランゲなどにおいてはこの対立軸が維持されているために、行為における「素材《マチエール》」（行為における感覚上の動機づけとその実質的な結果、つまり快楽と実利のこと）の「形式《フォルム》」（意図のこと）に対する優位のこととして「実践的唯物論」が定義される。さらにはこの対立軸のために、多くのマルクス主義者たちが「唯物論」を錦の御旗に掲げて科学や芸術における「形式主義《フォルマリスム》」に闘争を仕掛けたのであった……。たとえば、文学理論家が自分はテクストの形式や内容に対立するものとしてのテクストの「物質性」だけを研究対象としているのだから唯物論者として行動すると言い立てるときがそうであるが、それは現代的な色彩を与えられることで外見だけは繕《つくろ》うも実際のところは時代遅れの物言いである……。同様に、過去のさまざまな唯物論を特徴づけてきた実体論〔生成変化する現象のうちに恒常的な存在を認める立場〕は、そうすることが実体論にとっての万代不易の特徴であると自分の敵対者〔現象論《フェノメニスム》のこと〕から思われているとしても、やはり実体という古典的な概念が科学においても哲学においても古色蒼然としていることが確かだとすれば、現代的な唯物論にふさわしいものではありえないのである。

## 2　新しい概念あるいは新しくなった概念

もし物質という範疇《カテゴリー》が時代を経て受け継がれていく概念的な形式と特定の内容のおかげで具体的なものになるとするなら、このことは、さまざまな分野における議論についてもそこで実際に使用されるさまざまな概念についてもいっそう当てはまるといえる。

たとえば「生命」と「精神」に関する諸問題は、以前と同じ観点から提示されることはもはやない。今日《こんにち》の唯物論に可能なのは、〔物質とは〕別個の実体や原理を退けたりあるいは実体や原理を物質的なものとみなしたりするかわりに、生命を持った物質のもとになる化学的な構造を考慮に入れることとである。この構造を特徴づけ、また、その機能を説明する〔構造と構造のあいだの〕相互作用のシステムについてもそうである。そして、構造とかシステムということに関しては情報理論〔一九四八年にC・E・シャノンが提唱したように情報を数学的に定式化すること〕が多くのヒントを与えてくれる。この点で「生命」と「精神」に関する問題は、現代の形式主義、その基礎、ならびにその射程という観点から提示されるといえるだろう。精神に関していうなら、過去の唯物論において素描されてきた解決法の幾つかには傾聴すべきものがありうるにせよ、今日の唯物論がそれでは満足できないことは確かだ。その反対に今日の唯物論には、すでに整備された道具というよりはこれからの方針のようなものとしてではあるが、新しい概念が幾つかある。

そのなかでも最初に挙げられるのは、時間を介在させるような概念であるが、これは少なくとも、空間の単なる模倣とは別のものである……。つまりそれは、進化という概念であり、これによって自然における新たな形態の継起的な出現について考察することができるようになった。ついで挙げられるのは歴史という概念である。この概念には、人類の生成と人類に固有な変化を引き起こす多種多様な様式がふくまれる。進化と歴史という概念は、いずれもそれ自体は〔どちらかに〕還元できない〔たとえば「思考」や「物質」といった〕名辞の結びつきを可能にする媒介項を立てて、そしてこれについて考察するように仕向けることで、ラ・メトリがいう「思考する物質」に関する考察をさらに押し進めることができるようになる。つまり思考するのは「物質全般」ではないと主張するだけではなく、人間の脳という、物質によって特徴づけられた組織こそが思考するのだと主張しなければならないし、さらには、この組織が形成されるための手段は何か、どのような進化のプロセスを経て生み出されたのかといったことについても探求しなければならないのだ。

もし唯物論が進化論を支持すべきなら、唯物論は歴史的なものでもなければならない。ただし付け加えるなら、進化と歴史は一方が他方のうちに解消されるような関係にない。なぜなら人間の歴史は、自然のプロセスに還元されえない、存在と生成のさまざまな形式を持ち込むからだ。そしてこの自然のプロセスこそが、進化という概念の管轄下に置かれるものなのである。ここから導かれるのは、今日《こんにち》の唯物論にとって実践という概念が持つ重要性である。しかもマルクスは、この実践という概念によって自身の唯物論をそれまでの唯物論と対比させたのであった。実践にはさまざまなものがあるが、それは技術的な意味での実践である。また、個人と集団が取り組む社会的な意味での実践の総体でもある。この社会的実践のなかでも最初に挙げられるのはおそらく、個人にとっても集団にとっても労働であろう。労働とは、人間と自然のあいだに成立する実質的な接点のことであり、自然のほうが人間よりも先にあるということを認めたうえでなされる一方による他方の支配のことだ。そしてそのようなものとして労働は概念的な媒介項になるのだが、媒介項というのは、理論的、方法論的、そして説明的な機能を備えているために、物質と精神の統一性をその現実態においてて考察することを可能にしてくれるからである。

このような概念を介在させ、そしてまたそこから古代の唯物論のさまざまな概念を緩やかに活用することで、古代の唯物論にみられた欠落と飛躍を埋め、現実を統一的にとらえ、唯物論それ自体の歴史、諸観念の歴史——そのうちには社会的な次元で作用する「物質」という観念に関する歴史もふくまれる——におけるその登場、さらには、少なくとも「……論〔主義〕《イスム》」である限りでのその将来的な消滅について唯物論自身が語れるようになるはずだ。ここでいう「……論〔主義〕」とは、論争において或る体系的な立場をとることだが、この論争におけるさまざまな論点それ自体は歴史的なものである。いずれにしてもこの「……論〔主義〕」が持つイデオロギー的な性格が、知というものを利するかたちで消滅するように思われるのである……。

　唯物論が押し広げられ、その道具立てが揃っていくことは、リスクを伴わないわけではないし、また限界のないことでもない。リスクというのは、概念が緩やかに活用されることに関連したものだ。つまり、逸脱と顚墜《てんつい》というリスクである。このリスクにとりわけ晒《さら》されているのは、表向きは機械論あるいは形而上学に対する闘争を掲げながらも生気論的かつ神秘主義的な諸観念の維持あるいは再興のカムフラージュに陥ってしまう「弁証法」である。唯物論にとって説明困難という意味での乗り越えがたい限界とは次のとおりだ。唯物論は主観性がどのように成立するかについて、それ以外のものに還元不可能な性質が出現するのは「物質」が段階をおって組織化されていくことを通じてであるとしか説明する手立てがない、ということである。しかしこのような限界を認めることは、つまり、ヒュームの「どんなものであれどんなものをも産み出すことができる」(8)という言い回しを自由に使って言い換えるなら、思考はどのようなものでも「理解」すること

（8）これはヒュームの『人間知性研究』第一二章「アカデミー的あるいは懐疑的哲学について」からの引用である。ヒューム→

ができるし自分にとって明白なプロセスや様式へと帰着させることができる――これは観念論が実際に要請し、またそうしているはずのことだ――としても、実際にそうなるとは限らないということを受け容れることは、厳密にいえば唯物論的な要請ではないのか。というのも唯物論がむしろそう主張しているように、もし現実を規定しているのは思考でないとするなら、思考はいったい何の名においてこの現実を絶対的な仕方で自己に同化させることができるといえるのか、と問われるからである。

## 3　実践に関する問い

歴史を振り返ってみるといつの時代にも、唯物論に伝統的に寄せられてきた無道徳主義とか反道徳主義という批判に唯物論者として応答するうえで必要なことが見いだされるのがわかる。それは、エピクロス、スピノザ、あるいはマルクスなど、その哲学を悪く言う者からさえ一目置かれてきた偉大な人物たちを参照することであり、彼らが実際に提案し、また、擁護してきた諸価値の尊さを引き合いに出すことである。それ以外のやり方として行なうべきは、理論と実践の分離をしばしば伴う〔両者のあいだに存する〕明らかな隔たりの意義を認めることで、無道徳主義とか反道徳主義という批判が持つ効力を〔唯物論的な諸価値についてなされる〕擁護が持つ効力とともに相対化することである。ベールと同時代を生きた愚蒙な人々はこの隔たりについて、ベールが論じた誠実な無神論者という逆説を通じて再考する機会を与えられたのであった。いずれにせよ現実問題として――というのもそれが私たちの言いうる最低限のことだから――簡潔に述べるなら、多岐にわたる観念論はこれを支持する人々の誠実と美徳を保証するが、もし唯物論が人々によって表明され、非難に値する帰結がもたらされるとしても、それはこの誠実と美徳の数を上回ることは絶対にないのである。

さらに論を進めるなら、唯物論とは、非常に多岐にわたるさまざまな学説の共通項のことであり、したがってやはり非常に数多くの帰結を実践においてもたらすものである、ということも指摘しておかなければならない。たとえばキュレネ出身のアリスティッポスにおける快楽の無条件の追求には、古代でいえばエピクロスのような、快楽に依拠するも静謐と学知という至高の価値を目指す別の道徳が対立する。同様に十八世紀であれば、ラ・メトリの生物学的唯物論から導き出された個人主義、しかもそのためにラ・メトリをしてサドの先駆者にせしめる個人主義は、たとえばドルバックが自分の学説に由来する彼独自の「道徳政治《エトクラシー》(9)」を正当化するために援用した、社会的な利害を重視する道徳と対比させられるのである。

したがって、スキャンダルに仕立て上げるためであれ弁護するためであれ、唯物論一般を道徳一般の名において判断するのは空疎である。とはいえ、やはりここでも他の場合と同様に、さまざまな価値に関する理論が或る一つの唯物論的な学説によって基礎づけられうるとしたら、それは歴史のうちに見いだされるさまざまな媒介物に関する理論に加えて、個人的かつ社会的な実践、その動機づけ、その仕組みと条件に関する

↓ムによれば「なんらかの存在者の存在は原因からの、あるいは結果からの議論によってのみ証明されうる。そしてそうした議論は全面的に経験に基づくのである。もしわれわれがア・プリオリに推論したなら、どんなものであれ、どんなものをも産み出すことができるように思われよう」(斎藤繁雄・一ノ瀬正樹訳、二〇〇四年、法政大学出版局、一五三頁)。

(9)「エトクラシー」という術語は、ドルバック晩年の著作の題名に用いられている。この著作のなかでドルバックは、ルイ十六世の改革に期待しつつ、フランス社会を近代化させるために、憲法の制定、思想の自由、貴族的領主特権の廃止などを提言している。ドルバックによればエトクラシーとは、商業的な富を基盤にしながらも、そこから生ずる不平等を公民の徳を育成することによって是正しようとする政治体制のことであった。

分析に立脚するのでなければならない。そして、ここで念頭におかれているさまざまな価値がつねに地上のそれであるということは、欠点というよりも利点でありうるだろう。ただしそのように言えるのは、次のことが正しいとしたらである。つまり、このような価値について何が言われようと道徳に関するあらゆる体系のなかでこの地上の価値に依拠しないようなものはじつは何一つないということ、また、倫理に関するさまざまな学説と同様に実際上のさまざまな道徳に向けられる唯物論的な批判がつねに示してきたように、倫理に関する学説は自分のほうが規定していると思い込んでいる現実からじつは出発しているということ、これである。とはいえ、地上の価値を正当化したからといって、いや地上のものとしてこれを正当化したからといって、このような価値の客観性について限定的な定義が直接に与えられるわけではない。つまり、地上の価値を快楽とか実利とかに結びつけてしまう定義づけがなされるわけではないのだ。功利主義とは、唯物論一般における道徳のことではないのである。マルクスが功利主義を告発するために示したように、むしろそれは人間の幾つかの関係性——具体的には搾取という経済的な諸関係——に高い価値をおく。しかも、現実そのものを単純化するような理解に由来する。そして現実に関するこのような理解の仕方は、世界における或る一つの存在形式、つまりブルジョアジーという存在形式に結びつけられるものなのである。

　端的に言うなら、唯物論の形式、その着想、そしてその展開のいずれもが多種多様であるために、唯物論的な「道徳」として現実にありうるものは、最も「低次」の道徳から最も「高次」の道徳まで、いっそうヴァリエーションに富んだものになるはずである。私たちが少なくとも言いうるのは、人類に至高の価値がおかれるなら、あるいは、そうされるべきであるなら、唯物論者とはようするに他の誰よりもこのことに深く同意できる者である、ということだ。なぜなら唯物論者だけが、人間の生活〔命〕《ヴィ》は他の何ものにも置き換えられないことを厳密に思考しうるからである。

# 第二章　現代の動向

## I　マルクス主義的唯物論の諸問題

その創始者たちがこの世を去ってからマルクス主義をおそった激動の歴史、マルクス主義に接近しつつも反目した多種多様な思想の流れ、過去一世紀にわたって繰り広げられてきた社会的かつ政治的な闘争、ならびに歴史的な事件とこれら多種多様な思想を取り結ぶ密接な関係、こういった事柄のために、マルクス主義の構成要素である唯物論によって提示された問題は多数にのぼり、また、複雑なものとなっている。ここではマルクス主義的唯物論の無条件の拒絶——このような拒絶を示したのは、なかでもカント的な観念論のうえに社会主義を基礎づけようとした「オーストリア・マルクス主義者」[1]である——について論ずることはしないが、「弁証法的唯物論」についても「史的唯物論」についてもここでの問題は、それらのあり方、正当化の根拠、ならびに両者の関係にかかわるということは指摘しておこう。しかし私たちにできるのは、この問題の幾つかの側面について素描することだけである。

弁証法的唯物論については、弁証法、その法則ないし特徴、マルクス主義的唯物論におけるその位置づけ、これら三点に関する問題がつねに議論と論争の焦点となってきた。

これら三点に関する問題の全体像をとらえるためには、マルクスの思索における弁証法をめぐって伝統的に試みられてきた多種多様な正当化について考察すればよい。この正当化には三つの次元がある。第一のそれは、哲学史に依拠することだ。プラトン的な観念論を構成してきた存在論的な弁証法がアリストテレスに至って相対的に価値が低められるという流れについては知られている。つまりアリストテレスにおいて弁証法は、学問的〔科学的〕ではないさまざまな言説のあいだの主観的な対立のことしか意味しなくなったのである。そこから今度はカント的な考えに行きつく。つまり、その本性から経験の範囲を超え出ようとする理性に内在する矛盾、カントにとっては純粋理性の不毛さの証拠となる[2]「二律背反《アンチノミー》」である。ついで、ヘーゲルによってこの不可避的な矛盾が理性の功績とみなされて逆転が生ずる。ヘーゲルはこの矛盾を存在《エットル》というものが展開して深化するさいの原理であるとみなし、存在のうちに導入することになる。そして今度はマル

(1) オーストリア・マルクス主義は、十九世紀末から第一次世界大戦前後の時期までのオーストリア゠ハンガリー二重帝国で活動したマルクス主義一派のことで、ベルンシュタインに代表される修正マルクス主義、「マルクス主義の法皇」と呼ばれたドイツ社会民主党のカール・カウツキーに代表される正統マルクス主義にならぶ。マルクス主義を倫理的理想とする点では修正マルクス主義と同じだが、修正マルクス主義がマルクスとカントを並置させることでマルクス主義の理論的な不備をカント哲学によって補完しようとしたのに対して、オーストリア・マルクス主義はマルクス主義そのもののうちにカント哲学をみようとした。代表的な理論家に、オットー・バウアーやマックス・アドラーなどがいる。

(2) カントは『純粋理性批判』において「神学に関する理性の単に思弁的使用の全ての試みはまったく不毛であり、その内的性質に関しては空虚であり虚無である」と述べている（有福孝岳訳『カント全集』第五巻所収、岩波書店、二〇〇三年、三一九頁）。

クスによってこのヘーゲル的な弁証法に唯物論的な逆転が施される。ヘーゲルにおいて存在は理念的なものとされたが、その限りでこの存在のうちにあると考えられた矛盾が、マルクスによって物質的実在性の特徴をなすものとみなされるようになったからだ。とはいえこの逆転が、法と国家に関するヘーゲル哲学の批判を通じて着手されたことはすでに見たとおりである。そこで出てくるのが弁証法に関する二番目の正当化に他ならない。マルクス主義は、歴史、その運動、そして歴史の運動が立脚する実践、またこの運動によって促される実践について考察することで弁証法を正当化しようとしたからだ。具体的にはどういうことか。まず、ここでの正当化の作業に関与する矛盾というのは、歴史の推進力としてのそれ——基本的には諸階級の闘争のこと[3]——であり、さまざまな社会構成体《フォルマシオン》に特有の構造と関係（分業、「疎外」、資本と労働、生産力〔マルクス経済学の基本概念の一つで、生産用具と労働力の結合によって生まれる力のこと〕と生産関係〔生産活動に際して人間によって相互に結ばれる関係の総体のこと〕）のあいだにみられるそれである。またここでいう止揚とは、社会構成体の継起のことである。つまり政治経済学における方法は、これらの矛盾と〔止揚という〕展開とを把握するために弁証法的なものでなければならない。つまるところマルクスは、いやそれ以上にエンゲルスは、ヘーゲル主義をこのように逆転させつつ継承することを正当化しようとし、さらに、自然ならびにこの自然を理解しようとする諸科学のうちに弁証法を構成するのと同様の範疇《カテゴリー》と法則が見いだされるのを示すことで、歴史における弁証法を正当化しようとしたのである。

　したがってここでの一般的な問題はおそらく、この三種類の正当化の作業は一致するのか、そしてそれらのあいだに平衡点はあるのか、というものだろう。一致するかが問われるのは、これらの作業が同じ方向を目指すものであるかが、つまり、カントとヘーゲルに由来する「論理的」な意味での矛盾、諸社会の歴史を規定するさまざまな集団と組織における軋轢《あつれき》、物質界に見いだされる力の衝突などのいずれもが同じ性質のものであるかが自明でないからだ。この三種類の正当化の作業が同一のものであり、そのあいだには根源的な調和が見いだされるということを認めてしまうと、それは独断的な想定、つまり、dia-mat〔唯物弁証法の仏語表記である dialectique matérialiste のそれぞれの単語の冒頭をつなぎあわせたもの〕という名称——しかもそれは〔少し形を変えて〕スターリンの「弁証法的唯物論と史的唯物論」（一九三二年に『ソ連共産党（ボ）[4]小史』に発表）という小論文に用いられている——でしばしば呼ばれるマルクス主義の一形態をとりわけ特徴づける想定にしかならない、という危険性がある。それに唯物弁証法をとるマルクス主義においてそうされるように、弁証法の客観性を考慮するがゆえに自然の側から物事をとらえることを、また、自然科学によって正当化の作業を行なうことを特別視してしまうと、社会的なプロセスそのものが自然化されるという危険を冒しかねなくなる。ここでいう自然化とは、物理的かつ生物学的なプロセスを支配している必然性と同種のものに社会的なプロセスを依拠させることである。それとは反対に哲学的なとらえ方を特別視するなら、おそらくそれは、客観的観念論の変異体《ヴァリアント》に帰着する危険性を孕《はら》んだ唯物論になるだろう。このような唯物論は、歴史上の

---

（3）エンゲルスはマルクスの死後まもない一八八五年に『ルイ・ボナパルトのブリュメール一八日』第三版に付した序文で「マルクスこそ、歴史の運動の大法則をはじめて発見した人であった。この法則によれば、すべて歴史上の闘争は、政治、宗教、哲学、その他どんなイデオロギー的分野でおこなわれようと、実際には、社会諸階級の闘争の——あるいはかなりに明白な、あるいはそれほど明白でない——表現にすぎない」（大内兵衛・細川嘉六監訳『マルクス＝エンゲルス全集』第二一巻所収、大月書店、一九七一年、二五四頁）と述べている。

（4）ボリシェビキのこと。

さまざまな時代のほうに、あるいは衝突と承継を繰り返す社会的な集団のほうに、歴史を通じて理性の弁証法あるいは狂気の弁証法を成立させるイデオロギー的ないし文化的な次元における形象《フィギュール》と範疇《カテゴリー》を割り当てようとするからだ。このような方向性は、ジョルジ・ルカーチの全著作またはフランクフルト学派[5]の理論家たちの方法によって例証することができるだろう。そして最後にプラクシス〔実践〕を特別視するなら、ルカーチが一九二三年の『歴史と階級意識』においてそうしたように、あるいはグラムシ[6]の歴史主義ならそうするかもしれないように、歴史における主体と客体の不可分性を主張する主観的観念論のほうへ引き寄せられるだろう[7]。

弁証法的唯物論によって引き起こされるこのような問題のために、弁証法的唯物論と史的唯物論の関係についても問題が生じる。この関係を否定するのは複雑なことではなく、史的唯物論を弁証法的唯物論に依拠させるのを拒否するだけでよかった。しかしこのような所作はとりわけ、E・ベルンシュタインに、いやそれ以上にランゲに着想をえた「修正主義」のほうから、ヘーゲルの遺産に起因する些細な誤解ではないかという受け止められかたをした。さきに言及したばかりの理論家たち（たとえばグラムシ）はどうかといえば、彼らにとって問題となっていたのは、拒否よりもむしろ史的唯物論に資するように弁証法的唯物論を過小評価すること、あるいは弁証法的唯物論を史的唯物論の帰結として提示することであった。というのも弁証法とは、歴史的実践《プラクシス》における弁証法のことであり、歴史的実践とは不可分のものとして理解されていたからである。それとは反対に、スターリンの著作ではマルクス主義が教条主義的かつ還元主義的に描かれているために、史的唯物論は社会的生活の個別領域に弁証法的唯物論の一般的な諸原則を適用したものとして立ち現われてくる。そうすることでスターリンは、前述したような史的自然主義とともに、決定論的でさらには機械論的でさえあるような仕方で歴史を描き出すことを重視しようとする。このような歴史の描き方によれば、歴史の発展過程《プロセス》は、社会構成体《フォルマシオン》の必然的な継起という法則に支配され、個々の社会構成体はそれぞれの仕方で先立つ構成体を否定する。つまり否定の否定[8]であるが、それは歴史の発展過程の終局において、最初の段階を一つ上の次元において回復することに行きつく（原始的な共産主義という最初の段階から無階級

---

（5）ドイツのフランクフルト大学および同大学社会研究所（一九二三年設立）に所属するT・アドルノ、M・ホルクハイマー、M・マルクーゼ、J・ハーバーマスらを中核メンバーとした学派。独自の「批判理論」により、社会理論、哲学を研究した。

（6）イタリアの革命家。獄中で執筆した膨大なノートで知られる。それらは、哲学、国家論、文化論、文学論など多岐にわたる。

（7）ルカーチは『歴史と階級意識』のなかで以下のように主張した。モノが商品というかたちで生産される資本主義社会においては、人間と人間の関係がモノとモノの関係として現われてくる（物象化）。しかもそれは制御不可能な力をもって人間に対立するため、人間が自己についていだく意識を規定してしまう。しかし、商品の生産をみずから担っている労働者階級（プロレタリアート）は、その社会的なあり方を自覚することで資本主義社会における搾取の構造に終止符を打ち、革命的実践に訴えかけることで歴史に新たな次元を切り開くことができる。しかしこのような主張は、一九二四年にコミンテルンによりまさしく観念論的逸脱として批判されることになった。

（8）スイス亡命中のレーニンが一九一四年から一五年にかけて執筆した著作のうち、たとえば『哲学ノート』では「より低い段階の一定の特徴、性質、等々がより高い段階で繰返されること、および〔……〕外観上、古いものへの復帰（否定の否定）」（上巻、松村一人訳、岩波文庫、一九七五年、二一九頁）と説明され、『カール・マルクス』では「すでに経過した諸段階をくりかえすかのように見えながら、それらを別の仕方で、いっそう高い土台のうえでくりかえすところの発展（「否定の否定」）、直線的にではなく、いわば螺旋《らせん》的な発展」（粟田賢三訳、岩波文庫、一九七一年、二一頁）と説明されている。この法則に従えば原始共産制と無階級社会は、無階級と生産手段の共有という点で特徴を同じくするが、生産力の水準をまったく異にしたものとして理解される。否定の否定とは単純な原点回帰のことではない。本書一四二頁訳注55も参照のこと。

社会という最後の段階へ、奴隷制、封建制、資本主義、そして社会主義を経てたどり着く)。いずれの場合も見失われているのはおそらく、マルクスにおいて弁証法という概念を基礎づけていた本質的にいって批判的かつ反省的な性格である。

最後に史的唯物論をそれ自体で考察してみるなら、そこで問題として出てくるのはまず、観念的ないし精神的な要素に対する優位が認められた物質的な要素の定義に関するものである。もしこの観念的ないし精神的な要素が経済的な「土台」——そこでは一定の生産様式(9)を規定する社会的生産諸関係(10)に生産力の総和が投入される——に立脚しているとするなら、そこで問題として出てくるのは〔人間の経済活動を構成するさまざまな物質的要素の〕目録作りと仕組みに関するものだろう。たとえば狭義にとらえるなら、〔土地や水、地下に埋蔵された資源から人間の労働によって作り変えられた〕原料、労働手段、そして労働者自身のそれぞれは生産力のうちにどのように位置づけられるのだろうか。この問題、というより一連の問題は、二十世紀におけるいわゆる「科学・技術革新」のために、原料、労働手段、そして労働者自身が今日《こんにち》その新たな姿を見せつつあるだけに、いっそう難解なものとなっている。しかも生産活動の物質的諸条件の総体を考慮に入れるなら、さらにいろいろな問題が出てくる。ここでいう物質的諸条件とは、社会一般に関するそれであり、つまり地理、気候、環境、そして人口などの諸要因のことである。その他の問題として出てくるのは、生産様式のうちに、狭義における生産諸関係である生物学的なそれ、つまり養育手段や生殖手段(セクシュアリティや親族関係)をふくめるべきかどうか、というものがある。これらの問題は、とりわけ前資本主義社会と前商業社会のことを考察した場合に引き起こされるものだ。ところで前資本主義社会と前商業社会には、マルクスとエンゲルスにとって本質的な考察対象であったブルジョア社会と資本主義的生産様式を分析するための方法が通用しなかった。この点について注意が払われるようになったのは主として、「東洋的専制主義」[11]や「アジア的生産様式」[12]といった用語で言い表わされる社会の位置づけと仕組みについて問われるようになったからだ。このような社会において社会的諸関係は生産様式の私有という仕方では定義されず、むしろ国家権力による経済的支配として定義されると考えられてきた。しかし〔そのように考えなくても〕この問題はすでに、土台そのものの内部におけるさまざまな決定要因《アンスタンス》のあいだの関係性（生産力と生産関係との関係性についてはどうなのか、生産力はどのような意味で生産関係を規定するのか）、そして土台と社会構造と「上部構造」のあいだの関係

（9）マルクスの経済理論および社会理論において、歴史上の種々の経済システムを段階的に区分するために導入された基礎概念。一定の生産力とそれに照応する一定の生産関係が結合してなされる社会的生産の歴史的形態のことであり、具体的には原始共同体的・奴隷制的・封建制的・資本主義的・社会主義的生産様式などがあるとされる。

（10）生産過程における人間関係のみならず、流通過程、分配過程などもふくむ人間のいっさいの社会的諸関係のこと。

（11）マルクスによれば、古代インドと古代メソポタミアにおいて土地の所有者は共同体であり、個人はそれを占有するにすぎない。しかも幾つかの共同体とその土地が、一つの大きな集団に結合される。そしてこの集団が個々の共同体のうえにあって最高ないし唯一の所有者となる。このような土地の統一的所有の成立を理解するためには、東洋における農業の特殊な状況を考慮しなければならない。つまり、インダス河流域などにみられる広範囲にわたる治水灌漑事業である。この事業には労働力として大量の奴隷が必要とされる。そして、この奴隷を調達し、また使役するためには、強力な支配力つまり「専制君主」が必要とされる。これを「東洋的専制君主（デスポット）」と呼ぶ。

（12）マルクスが『経済学批判』（一八五九年）の序文で初めて用いた術語。『資本論』では「古代アジア的生産様式」とも言われる。さまざまな解釈がこれまでなされてきたが、今日では一般的に、灌漑農業を主体とするアジアに特有の奴隷所有的・共同体的生産関係のことを意味する。

性をめぐる問題、つまり〔あれこれの決定要因の〕関係と〔それぞれの〕機能に関する問題なのである。この点に関しては、カウツキー[13]さらにはスターリンが採用した機械論的な経済図式の不十分さがしばしば批判されてきた。この経済図式はマルクスとエンゲルスの幾つかの定式に立脚する。それによればここで問題にされている関係性は、生産力が生産諸関係を厳密に規定するのでありその逆ではないということを意味するものとして、このような関係性に内包される必然主義とともに提示される傾向があった。しかも生産力によって生産諸関係が規定されるということは、社会そのもの、社会の諸制度、そして社会におけるさまざまなイデオロギーも生産力によって同じ仕方で規定されるということである。しかしマルクスとエンゲルスのそれ以外の定式から出発することで、上部構造が積極的な役割を果たすこと、上部構造のほうが土台に作用を及ぼすこと、あるいは上部構造が生産様式と不可分な統一体をなすことも強調されてきた。その結果として一般的にもたらされたのは、むしろ前述した機械論的な経済図式の緩和であって、史的唯物論の特殊性について再考する契機となるはずの概念的改良のほうではなかった。しかしこの概念的改良の追求によって説明されるのが、たとえばルイ・アルチュセールのような人物の試み(たとえば「重層的決定」[14]や「国家のイデオロギー装置」[15]などの概念を導入すること)であるし、「イデオロギー」という概念によって引き起こされるさまざまな疑問——そのあり方、位置づけ、機能について——なのである。

これら多岐にわたる問題とそれによって引き起こされた膨大な研究や論争を考察することで二十世紀におけるマルクス主義的唯物論は、建造物というよりは工事現場といった様相をますますみせるようになった。そしてすべてを考え合わせてみれば、このことはマルクス主義的唯物論にとって逆境というよりむしろ好機をなすのである。

## II　それ以外の唯物論

マルクス主義の外部あるいはそのかたわらで、それ以外の唯物論的な思想の流れが他の流れと交わりながら大きな動きをみせつつある。

そのいずれにも共通する特徴の一つとして挙げられるのはおそらく、マルクス主義の登場とともにたとえばランゲが始めた糾弾にならって、弁証法を晦渋で混乱した駄弁、ヘーゲル主義の不都合な遺産として拒否することだろう。

(13)ドイツ社会民主党の代表的理論家であり、第二インターナショナルの理論的指導者。ベルンシュタインらとの修正主義論争では、正統派マルクス主義の代表的論客として活躍。

(14)アルチュセールは一九六二年に発表した論考「矛盾と重層的決定」のなかで、出来事は「単一の内的原理に還元すること」はできず、異質な複数の決定要因が「重層的に」融合したり越境したりすることで、さらに主要なものと副次的なものという階層序列を持つことによって形成されるとした。

(15)マルクスやレーニンによれば、国家は国家装置と呼ばれ、その抑圧装置としては具体的に、政府、行政機関、軍隊、警察、裁判所、刑務所などが挙げられてきた。アルチュセールは一九七〇年に発表した論考「イデオロギーと国家のイデオロギー装置」のなかで、国家の抑圧装置とは異なる別種のものを考慮する必要を説き、それを「国家のイデオロギー装置」と呼んだ。国家のイデオロギー装置とは、宗教、教育（学校）、家族、法律、政治制度（政党など）、組合、情報（新聞、テレビなど）、文化（文学、美術、スポーツなど）などである。

また多くに共通する特徴として挙げられるのは、政治的な動機や影響を自分たちの主張や方針のうちにふくめるのを拒否することである。つまり、一般に流布している意味で解された「イデオロギー」（実際に存在するありのままの政治的・社会的秩序にかかわる確かな実態とは対立する、扇動的で非現実的にして空想的な知的構築物のこと）のために唯物論という選択肢を危険に晒《さら》したくないということである。そしてこれは、英語圏の哲学書のうちに多く見られるとおりだ。

そしてこのことと非常に関連する第三の特徴として、マルクス主義的唯物論以外の唯物論の大半に共通するのは、経験論的かつ実証主義的な見方をとることである。これは英語圏の哲学に支配的なものの見方であり、ヒューム以降の伝統をいわゆる「大陸系」の伝統——それはヘーゲルとともに始まる伝統だけでなく、デカルトとカントのそれでもある——に対置させるのだが、そうすると歴史よりも自然のほうが重視され、その結果、史的唯物論としてのマルクス主義的唯物論の拒否が正当化されることが多くなる。

しかしながらこれら三つの特徴は、ここで私たちの念頭にある〔唯物論的な〕学説のいずれにとっても適切だとはいえない。いずれにせよ、私たちは非常に多岐にわたる思想を問題にしているのである。

さて、幾人かの哲学者——とりわけオーストラリア（J・J・C・スマート、D・M・アームストロング[16]）、イギリス（U・T・プレイス）、そしてアメリカ（D・K・ルイス[17]、P・K・ファイヤアーベント、J・W・コーンマン、M・E・レヴィン、P・M・チャーチランド、P・S・チャーチランド[18]など）の哲学者たち——は、一九五〇年代末以降、心身関係に関する議論（英語で mind-body problem〔心身問題〕と呼ばれているもの）において唯物論を標榜するようになった。

この議論の枠組みは、英語圏に支配的な考えに由来するものである。まず想起されるのは、論理実証主義である。この名称のもと一九三〇年代にウィーン学団に集った二人の人物、オットー・フォン・ノイラートとルドルフ・カルナップは、「物理主義的な」学説を擁護した。それによれば、科学的な言明はいずれも物理学の言葉でなされなければならず、この言語だけが経験〔実験〕に基づく検証を可能にするとされる。この学説は心理学に適用されることで、少なくとも方法論的な次元で唯物論を内包することになった。つまり、意識の事実は物理的な所与に還元されうるし、そうされなければならないというのである。しかもこの点について現在なされている議論は、ウィーン学団のかつてのメンバーでアメリカに移住したハーバート・ファイグル[19]が一九五〇年代末に牽引役を担ったものであった。ついで物理主義は、ワトソン[20]に代表される「行動主義」に合流するようになる。これは、心理学が対象とするのは心的状態ではなく、科学の対象としての人間が動物と同一平面上におかれるように、外部から観察可能な客観的な行動である、とする立場である〔したがっていわゆる内観法が否定される〕。第三の理論的な源泉として挙げられるのは、前述した二つの立場と少なくとも無関係とはいえないものである。というのもそれはポスト実証主義と同じように、ウィトゲンシュタ

(16) 心的状態(心的性質)をさまざまなタイプの物理的状態(物理的性質)によって実現される機能的状態とみなす機能主義(非還元的物理主義)の代表的論客。主著に『心の唯物論』(鈴木登訳、勁草書房、一九九六年)がある。
(17) 邦訳に『反事実的条件法』(吉満昭宏訳、勁草書房、二〇〇七年)などがある。
(18) 邦訳に『ブレインワイズ――脳に映る哲学』(村松太郎訳、新樹会創造出版、二〇〇五年)や『脳がつくる倫理――科学と哲学から道徳の起源にせまる』(信原幸弘ほか訳、化学同人、二〇一三年)などがある。
(19) 邦訳に『こころともの』(伊藤笏康・荻野弘之訳、勁草書房、一九八九年)がある。
(20) 邦訳に『行動主義の心理学』(安田一郎訳、河出書房、一九六八年)がある。

インに関係づけられ、独自な仕方で或る種の行動主義に合流するからだ。つまり分析哲学のことである。それによれば、言語分析の課題として掲げられるのは、言葉の使用における曖昧さと取り違えに起因する形而上学上の偽問題を排除することである。精神的実体という概念が否定され、心的行為のことを何らかの仕方で行動する傾向性《ディスポジシオン》として記述する提案がなされ、その結果、或る種の方法的ないし「分析的」な行動主義〔したがってワトソンが主張する行動主義とは区別される〕が導入されるに至ったのは、この思想的な流れを代表する人物の一人であるギルバート・ライル[21]の著作『心の概念』（一九四九年）においてである。そしてこの著作は、ここで私たちが扱っている思想家たちによって、たとえ批判するためであっても幅広く参照されているのである。

　以上の三つの理論的な根基に付け加えられるのは、神経学、脳化学、サイバネティックス〔動物と機械における情報通信と制御作用を研究する科学〕のさまざまなモデルによってもたらされつつある科学・技術上の寄与――そこには見過ごすことのできないイデオロギー状況もふくまれる――である。しかも近年その傾向がいっそうはっきりしてきた。この科学・技術上の寄与のために、思考の働きとコンピュータ（人工知能）のそれを比較することで宇宙について唯物論的なとらえ方をすることの客観性が確保されることになった。しかも普通であれば唯物論的なとらえ方は「意識に属する」諸現象には適さないのだが、この諸現象について〔唯物論的な〕説明がなされるようになったのである。

　さきに列挙した唯物論の理論家たちのうちに対立や分断を引き起こし、また彼らと彼らを批判する人々のあいだにも対立と分断を引き起こすさまざまな議論や相違にもかかわらず、少なくともそのような傾向があるという意味でいえるのは、彼らがおしなべて、精神と脳は実際のところ同じであるという考え〔「同一説」〕、つまり、実験に照らせば心的状態は中枢神経系の状態に帰着するという考えを共有していることだ。そして、心理的言明はいずれも心的所与ないし内観所与を欠いた定式化でありうるとみなすことで方法論としては物理主義を選択するのをよしとするにせよ、意識主義者《メンタリスト》たちの言葉遣いそのものは何ら価値も意義も有さないと考えるにせよ、これら二つの主要な選択肢は、とりわけ方法論的な価値を持った還元主義的唯物論と〔それにくらべれば〕より独断論的な色彩の濃い消去主義的〔éliminatif〕唯物論のあいだを揺れ動くのである。

いずれにせよ、ここで言及した理論はいずれもその出発点からいって一個人の心理における心身関係の問題だけに限定されたものであるため、とりわけカバニスに代表される精神生理学的唯物論の系譜に位置づけられることになる。しかしながら、これらの理論は一般的にいって、医学者や生理学者の産物ではなく哲学者や科学認識論者の産物であるため、ここで問題にしている論点に関して厳密な科学的知見が要求されることはなく、具体的な神経学的分析に依拠することもない。これは結局のところ前述した〔三つの〕学説上の源泉に起因することである。つまり、そのいずれもが関心を寄せるのはむしろ、科学を実証主義的に定義するという観点から、一貫性のある唯物論を構築すること、つまり、心的プロセスを物理学の用語をもって形式のうえでは精確に、意味のうえでは明瞭に論ずることを可能にしてくれる言語を規定することであって、

---

（21）ライル（一九〇〇―七六年）は、イギリスの哲学者。ウィトゲンシュタインの言語観に着想をえた日常言語学派の中心人物とされる。代表作『心の概念』（坂本百大・井上治子・服部裕幸訳、みすず書房、一九八七年）。「機械の中の幽霊」といった表現を駆使して、心身二元論を批判。概念の論理的地図の決定という観点を示し、心身二元論は、日常言語の誤用によって生み出された、概念の「カテゴリー錯誤」であるとする。

一方を他方に還元することを根源的に正当化しようとすることではないのである。またこのことから帰結することとして、さきに言及した理論のうち一見したところ幾つかのものは、実証主義的な仕方ではあるにせよ、実験と科学的言語とは別の次元にある唯心論的形而上学のほうに門戸を開けておくという可能性を手放さないのである。そのために、今日《こんにち》この種の研究を指し示すために頻繁に用いられる「心の哲学」という表現からも推し量られるように、それは曖昧さを免れない。

それ以外の学説はこのような限界を免れているように思われる。いずれにせよ、このように問題と主張を重箱の隅に押しやるということからは免れているのではないだろうか。そのような学説のなかでも非常に興味深いものとして一つ挙げるとすれば、それは物理学者にして哲学者でもあるマリオ・ブンゲの理論だろう。ブンゲは幾つかの著作[22]において同時に体系的であり科学的でもあることを標榜する唯物論を擁護している。それは、現代の論理学と科学の要請に応えるような、また、論理学と科学の用語をもって定式化されるような唯物論である。ということは公理的体系のもとで提示されうるようなものである。それはまず、能動性《アクティヴィテ》〔活動性〕は物質に本質的なものであるという古代からある考えに依拠しているため力本説的である。ついで或る特定の単位を持ったさまざまな対象からなるシステムの実在性――それはシステムを構成する諸要素のあいだの相互関係を基盤とする――を考察するがゆえにシステム論的でもある。[23]また、さまざまな性質はシステムの構成要素ではなくシステムだけに帰属する仕方で存在するとされる限りで創発主義的である。[24]そして最後に進化主義的である。つまり、このシステムと創発的性質が出現するのは連合《アソシアシオン》という幾つかのプロセスを介してであると説明されるのだ。この唯物論はしたがって、厳密な方法論あるいは認識論の文脈には位置づけられない。さまざまな物質的対象――空間におけるそれらのあいだの関係性、それらの状態、そしてその状態の変化によって規定され、しかもそれだけで実在的なものとみなされる——から出発して、物理的世界における所与と同様に、生命、精神、文化に関する所与について、さらにはさまざまな概念と価値について説明を与えるような存在論の試みのうちに位置づけられるのだ。このような試みは、相互関係、変化、そして創発という概念を重視するため、ブンゲが弁証法的存在論の特性とみなすもの、つまり、対立関係にあるものとその統一が持つ根源的な役割、ならびに、そこから帰結する変化というものに関する概念化の作業が持つ普遍的な性格、そのどちらも排除することになる。ブンゲはこれらの概念と見解を晦渋で混乱したものとみなしているのだ。さらにこのようなブンゲの試みは、なるほど前述してきたさまざまな学説よりも幅広い概念的な道具立てと壮大な構想を兼ね備えたものではあるが、これらの学説のいずれもが行なっているように、科学性というものを概念化する作業に立脚してもいる、と指摘することができるだろう。

前述してきたところとは別の観点から注目に値することとしてここで言及しておきたいのは、マルクス主義者たちの史的唯物論とは別の選択肢を明確にしようとする社会学者と人類学者の試みである。彼らはマルクス主義者たちと同じ領域を興味関心の対象にしている。ここで具体的に挙げられるのは、たとえばアメリ

---

(22) たとえば『精神の本性について——科学と哲学の接点』(黒崎宏・米澤克夫訳、産業図書、一九八二年)など。
(23) たとえば原子は、陽子、中性子、そして電子を構成要素とする物理的なシステムであるし、会社は、経営者、従業員、そして人工物を構成要素とする社会的なシステムである。
(24) たとえば知覚することは、神経細胞《ニューロン》を構成要素とする生物的なシステムそのものが有する創発的性質の一つである。

カの人類学者マーヴィン・ハリス（一九七九年に『文化唯物論』を刊行）が提案した「文化唯物論」である。それは説明原理として下部構造決定論という原理を採用するところに特徴があり、それによれば「（……）行動的な生産様式と再生産様式が（……）行動的な家庭経済と政治的経済を確率論的に決定し、この（……）行動的な家庭経済と政治的経済がさらに行動的および（……）精神的な上部構造を確率論的に決定する」[25]という。このような学説については、自然と文化の相克が生ずる場としての下部構造のなかでも環境的要因と生物学的要因に重要な位置を振り分けてはいるが、人間の社会的行動は本質的に生物学的要因によって説明できるとする還元主義的唯物論とは真っ向から対立する、と指摘することができるだろう。

この還元主義的な生物学的唯物論であるが、その系譜は実際のところ多面的な展開をみせ、そのうちにはたとえばエドワード・O・ウィルソン（一九七五年に『社会生物学——新たな総合』を、一九七八年に『人間の本性について』をそれぞれ刊行[26]。後者のフランス語訳は一九七九年に刊行）が強力に提唱した「社会生物学」に代表される還元主義の諸形式をふくめるべきだと思われる。現代の進化生物学の一分野であることを自認し、「あらゆる社会行動の生物学的基盤の体系的な研究」を提唱するこの学説は、遺伝学と動物行動学に関する最近の知見に全面的に依拠しながらも、ダーウィン主義のおかげで十九世紀に再興した医学的唯物論、つまり、人間と社会の諸現象を基本的な幾つかの自然的決定論の組み合わせからできた形態に還元するかつての医学的唯物論の伝統を引き継ぐものである。

社会生物学はそれ自体、哲学者、科学認識論者、社会学者、道徳学者、そして政治思想家のみならず、生物学者からも寄せられたさまざまな批判に晒《さら》され、激しい論争を引き起こした。社会生物学を批判した生物学者のなかには、神経生理学的な観点からそれ以外の形式の生物学的唯物論を支持するものもあった。ここで言及すべきは、ジャン＝ピエール・シャンジュー[27]（一九八三年にパリで『ニューロン人間』を刊行）の考えである。それは脳という機械《マシン》に関して静態的な観点からなされる記述（脳という機械はニューロン〔神経細胞のこと〕の「配線」からなる）とそれについて動態的な観点からもたらされる知見（この「配線」は、電気的興奮《インパルス》とシナプス〔ニューロン間の連結、あるいはニューロンと別の細胞カテゴリーの連結のこと〕の化学的作用をその機能とする）に依拠しつつ、人間の行動と心的対象をニューロンの活動として記述することを提案する。そうすると意識はニューロンの集合体の作用を調節するシステム以外の何ものでもなく、ニューロンの物理的作用が心的活動の諸単位と同一視されることになる。ジャン＝ピエール・シャンジューは遺伝子レベルでの決定論――それは神経系の構造を条件づけるものであるから、そこから行動が遺伝されることも条件づけ

---

（25）長島信弘・鈴木洋一訳『文化唯物論』上巻、早川書房、一九八七年、九八頁。

（26）前者の邦訳は坂上昭一などにより合本版が新思索社から一九九九年に、後者の邦訳は岸由二により思索社から一九八〇年にそれぞれ刊行された。ただし、邦訳の『社会生物学』は原著にある「新たな総合（The New Synthesis）」という副題を題目から省いている。しかしウィルソンは、一九七〇年代まで別個に進められてきた個体群生態学、集団遺伝学、動物行動学《エソロジー》、動物社会学の成果を統合して、各種の生物がなぜ異なる社会関係〔同種個体間の関係〕を示すのかという問題を解明しようとした。

（27）一九三六年生。フランスの神経生物学者。コレージュ・ド・フランス教授を二〇〇六年に退官。人間の活動をつかさどるのは、心ではなく、ニューロンとシナプスを中核とする脳であるという理論を『ニューロン人間』〔新谷昌宏訳、みすず書房、一九八九年〕で展開し、フランス思想界に多大な影響を与えた。その一端は、「ニューロン人間」はいかに道徳的主体になりえるかという問いをポール・リクールと議論した記録『脳と心』〔合田正人・三浦直希訳、みすず書房、二〇〇八年〕に窺《うかが》い知れる。

られる——を明らかにしつつも、胚の生長過程で細胞間に——この場合はニューロン間に——相互作用がみられることを考慮するモデルをとるがゆえに、或る種の統一的なプログラムを提示するサイバネティックス的なモデルを退け、そうすることで「後発生理論」〔生物の形態が発生の過程を通じてしだいに確立し分化していくという説〕つまり個々の脳は出生後に形成されるという説の存在を認めているのである。この後発生理論によれば、個々の脳はあらかじめ絶対的な仕方で遺伝によって決定されているという考えは退けられ、皮質の発達においてさえ文化の刻印が押される余地があるというのだ。

　大局的にいうなら過去二十年間にわたって神経学の分野と同様に情報学の分野においてみられた科学と技術の進展により、また認知科学全般により、以下のことが引き起こされた（参考文献に引いたジャン・ドラクール〔Jean Delacour〕の一九九四年と一九九五年の著作を参照せよ）。つまり、精神と身体という領域に関するさまざまな種類の唯物論が不十分ながらも融合された。というより少なくとも調和がはかられたのだ。また、自分たちの主張のうちに科学的な内容が多くふくめられるようにもなった。そしてこれらのことは、自分たちの主張を戦わせる議論そのもののなかで生じたのである。しかもこの議論というのは、そこでさまざまな論戦が交わされるということを別にすれば、どれも一様に、スピノザの体系によって引き起こされる哲学的な諸問題と対応関係にあるといえる。そしてここで問題になっている唯物論は、このスピノザの体系に多かれ少なかれ意図的にまた意識的にならおうとしているのだ。そこから一部のあいだでは今日《こんにち》、スピノザの体系とその解釈について特別な関心が寄せられるようにもなってきた（参考文献に引いたアンドレ・トセル〔André Tosel〕の一九九四年の著作を参照せよ）。

　これまでの記述は、現代の唯物論的な諸理論の広がりのうちに幾つかの道筋を示そうとするものでしかない。まして、私たちの時代の数多くの哲学者たちにみられる唯物論的な動向、さらには哲学そのものとは別のところで摑《つか》まれる唯物論的な動向を汲み尽くしうるものではない。ここではたとえばガストン・バシュラールの唯物論、しかも問題ふくみの唯物論について言及することでよしとしよう。たとえその著作の題目[28]においてでしかないとしても、バシュラールが一度ならず論ずる唯物論、しかも或る機会に引き合いに出していた弁証法的唯物論、それらは文字通りに受け止めることができるのだろうか。そしてより大局的には、伝統的な哲学の観念論的な表象を現代科学の名のもとに批判するとき、それによって唯物論的な地平が規定されることになるのだろうか。これらの問いは、フランスにおいて激しい議論の対象になった。それ以外に問題ふくみの唯物論として挙げられるのは、作家、劇作家、あるいは文学と芸術の理論家が表明する唯物論である。彼らはたとえばベルトルト・ブレヒト[29]の作品を引き合いに出すのだが、彼らがいうところの唯物論とは概念の次元に属するというよりは比喩の次元に属するものではないかと問われうるのである。

（28） 具体的には一九五三年に刊行された『合理的唯物論（*Le Matérialisme rationnel*）』（未邦訳）など。
（29） ドイツの劇作家、詩人。観客の情緒ではなく認識に訴えるために、叙事演劇の手法を深化させるとともに、資本主義に対する批判を強め、一九三〇年に共産党入党。演劇理論として異化効果を提唱。

## Ⅲ　唯物論の将来

唯物論は多種多様であり、暗中模索の状態にあって不確定なことが多く、またさまざまな問いを発しつづけているだけに、学問の枯れ枝、有効期限の切れた形而上学というには程遠く、今日《こんにち》もなお活気に満ちたものとしてその姿を現わしている。唯物論を対象とする非難、唯物論を駆動力とする批判的考察、唯物論を契機として引き起こされる議論、それらのうちには理論的かつ実践的な論点がふくまれており、この論点は現代社会における諸問題の核心をなす。そして唯物論そのものの歴史がこの論点の解明に役立つ。実際にそこではさまざまな傾向と立場が突き合わされているのがわかり、この突き合わせの作業をする過程で現代の唯物論にとって根源的な選択肢が何であるのかが示される。この作業はまた、哲学的、科学的、道徳的、そして政治的な問いかけにおいてもなされる。つまり、内に閉じられているのか外に開かれているのか、連続しているのか断絶しているのか、こういった対立軸は実際に古代よりストア主義とエピクロス主義の論争によって描き出されてきた。また〔生理的〕組織《オルガニザシオン》と教育、個人と社会、自然と歴史といった対立軸は十八世紀の唯物論に特徴的な議論を通じて明らかにされてきたし、そこから出てくる対立軸としては、保守的立場か進歩的立場か、自然主義か人間主義か、そして「機械論」と弁証法というものがあり、これらは十九世紀以降に展開されていった。拮抗する唯物論的な学説と見解の形式と中身は、これだけ多くの対立軸によって規定されるものなのである。

この〔非常に多岐にわたる〕唯物論的な学説と見解を一望に見下ろそうとするなら、ここでは歴史を長いスパンで考察することを条件に、まず「唯物論というもの」一般をそれと対立する観念論との関係のもとでとらえながら、前者はつねに後者に敵対するだけの根拠があったのだということを提案しよう。観念論的な哲学を成立せしめた状況は遠い昔のこととして過ぎ去ったわけで、この哲学のうちに残りつづけているものがあるとすれば、それは観念的〔理想的〕なものとして掲げられてきたものよりも、むしろ科学的な真理と地上の価値の集合体のほうではないか。しかも観念論的な哲学は、この真理と価値の伝達者であったのだ。そして唯物論的な哲学がその今日的意義《アクチュアリテ》を保ちつづけるとしたら、それはこうした伝達者としてである。デモクリトス、エピクロス、そしてルクレティウスにおける最も唯物論的な定式化は、彼らのさまざまな見解のなかでも最も堅固なそれとして残りつづけており、今日《こんにち》もなお典拠として役立つのではないだろうか。しかし同時に指摘しておかなければならないことに、唯物論の内部におけるさまざまな議論はそれ自体、恒久的なものである。しかも唯物論を観念論に対立させる議論と同じくそうであるといえる。そして予想されうることとして、唯物論の内部で交わされている論戦はおそらく将来的には、何にでも応答するが結局のところその敵対者の分身でしかないような完結した唯物論よりは、問いを発しつづけ、また、問いの対象にもなる唯物論のほうに道を開き、あるいは道を空けておくことで、観念論を排除しないまでも観念論に対して優位に立てるようになるのではないだろうか。

# 訳者あとがき

本書は「唯物論」について、哲学と哲学史を軸に、宗教や歴史、さらに科学との関連にも検討を加えて、ニュアンスに富んだ明晰な哲学書としてまとめている。

フランス語の matière《マチエール》という術語は多義的である。したがって本書では「質料」、「物質」、「動機」、「素材」と文脈に応じて訳し分けざるをえなかった。著者ブロック氏も幾度か強調されているように、matière という術語が歴史の変遷とともに異なって理解されてきたためである。しかし重要なのは、意味こそ違えどこの術語そのものは変化していないことだ。日本語では、質料、物質、動機、素材と訳し分けてしまうと、それらはいずれも相互無関係な概念的布置にあると思われてしまうが、フランス語ではこれらが一つの術語で言い表わされていることに注意しよう。ただし本書では、matière という術語の多義性にもかかわらず、matérialisme という術語は原則として「唯物論」と一貫して訳出した（ただバークリにおける matérialisme については、その独特な知覚論のためにあえて「物質主義」と訳出）。なお日本のギリシア哲学研究においては、matérialisme に相当するヨーロッパ語を「物体主義」、「素材主義」、「質料主義」などと訳出する傾向もあるようで、いずれも問題となっている哲学者における matière の位置づけを十分に汲み取ったうえでの各研究者独自の解釈をふくんだ訳出であろう。本書では「唯物論」という訳語に統一したので、この点に関する諸家のご教示をいただければ幸いである。

本書の構成を概観し、注目したい論点をみていこう。三部構成の本書は、第一部で唯物論という概念を論じ、そのためにどのような方法をとるべきか、という問題を考察する。第二部は、古代ギリシアから十九世紀までの唯物論をめぐる学説史を記述する。第三部は、現代（二十世紀）における唯物論をめぐる諸問題についてである。第二部・第三部は学説史という体裁から、文庫クセジュ本来の役割である百科事典としての機能が強い。

第一部は序文としての機能もあり（本書にはいわゆる序文がなく、いきなり第一部から始まる）、唯物論の術語と概念について十七世紀の具体的なテクストを取り上げて古代からの系譜に遡及する。近代的な意味での唯物論の術語がヨーロッパ哲学に登場したのは十七世紀後半のことだが、そこでの観念論者と唯物論者の対立という概念は、少なくともプラトンにまで遡る――形相の友である人たちと、大地から生まれた息子たちとの闘い。それはプラトンのような観念論者とデモクリトスやエピクロスのような唯物論者の間に認められる大いなる対立であり、連綿とつづく系譜となっていく。著者ブロック氏は近世哲学を専門とするが、古代哲学にも造詣が深い。本書でも古代についての記述は明確な骨組みを示しつつ、細部の重要点も丁寧に重ね合わされている。

実際に第二部では、古代を扱う第一章において、ソクラテス以前の哲学者、レウキッポスとデモクリトスに代表される古代原子論者、プラトンとアリストテレスに代表されるギリシア哲学古典期、ヘレニズム期と古代ローマ（エピクロスとストア主義者）が取り上げられている。古代原子論者とエピクロスという選択は唯物論に関する概説書としては当然と思われるが、ストア主義に唯物論の一つの形式ないし極地をみているのは注目に値する。それはエピクロス主義の極地と対立し、また相即するものとしてとらえられている。日本では、ストア主義者の倫理学が読書人の関心を集めがちであり、一般向けの概説書でストア主義者の唯物論が主題的に論じられることはほとんどない。ところが本書は、その説明に比較的多くの頁数を割いており、原著では一二八頁に収めなければならないという文庫クセジュの制限に照らしても、またそれ以外の論点とのバランスを考慮に入れても、特別な扱いといえる。

中世からルネサンスにかけて、アヴェロエス主義や、イタリアの自然哲学、新プラトン主義を一瞥したあと、近代の転換へと移る。まず十七世紀前半の機械論に焦点があてられ、ガッサンディ、デカルト、ホッブズの理論の枠組みと特徴、その共通性と差異が紹介される。十七世紀後半は、機械論の認識が一般化し、この時代にデカルト哲学の遺産は二つの方向に継承されていく。一つは観念論的ないし唯心論的な神学と形而上学の方向（マルブランシュやライプニッツ）、もう一つは心理主義的かつ感覚論的な方向（ロック）である。十七世紀前半に表面化してきた唯物論、自由思想、無信仰といった思潮は、十七世紀後半になると大規模な抑圧の対象となり、地下文書の形をとって伝播していく。ここで特別な地位を占めるのがスピノザの学説であり、実体の一元性や自然の問題、観念・精神についてその視点の幾つかは唯物論的なインパクトを持つ。スピノザの肖像は、単純化や歪曲、改変があっても、こうした無神論と自由思想への帰結を刻みこんでいる。さらに、ガッサンディの影響のもと、モリエールやシラノ・ド・ベルジュラックの文学テクストが触れられていくのも、著者の開く空間である。

十八世紀の唯物論は複雑な集合体のようであり、この世紀を通じて最も読まれた形而上学者マルブランシュの、その本質的に観念論的な哲学が唯物論的な帰結をもたらすという事例もある（たとえばフランスの寒村で宗教批判、社会批判の膨大な遺書を残したメリエ司祭）。スピノザの受容の仕方の、フランス、イギリス、ドイツによって異なる多様さなど、この世紀は相当に錯綜したものとなっている。しかし、宗教に向けられた批判、魂の理論（非物質的で不滅な魂を批判する）などの共通基盤がみられる。

そして十九世紀、唯物論は、その哲学上の系譜、科学上の典拠、社会的な基盤が多様化するとともに、その適用範囲が押し広げられ、問題構制が掘り下げられる。フォイエルバッハの思想は、それまでとそれ以後をつなぐ接ぎ目となる。それは啓蒙時代の思想に依拠した人間主義的な観点を持ち、そして生物学的な色彩を強めるが、そうした自然主義的唯物論は、マルクスにも関連づけられる。生物学・生理学的なもの、医学的なものがこの時代顕著であったが、マルクスとエンゲルスの唯物論はそうしたものから区別される。

それは「史的」と「弁証法的」という二つの形容詞（後になってつけられた）によって示されるのが通例であり、その道程は本書でコンパクトに記述されている。マルクス主義的唯物論の二十世紀の流れも具体的にまとめられている。さらに、マルクス主義的唯物論が現代に引き起こした諸問題も簡潔に述べられ、いわばまだ建造物でない工事現場のような問題領域であることが語られている。

第三部は、現代の唯物論についてである。第一章では、現代という時代にあって唯物論が考察される場合、問題になるところは何か（第一節）、唯物論と宗教ならびに科学との関係は何か（第二節）、そして唯物論にとって新たに練り上げるべき概念は何か（第三節）という問いが具体的に検討される。とりわけ、唯物論と科学との関係こそが現代の唯物論にとって第一義的に問題になると指摘されているのは注目に値しよう。現代における唯物論の問題として、科学との関連は無視できないのである。マルクス主義的唯物論以外の唯物論の大半に共通するのは、経験論的かつ実証主義的な見方をとることであり、英語圏の哲学に支配的である。ウィーン学団の物理主義的な学説は意識の事実が物理的な諸世界に還元されうるという方向をもたらす。物理主義はワトソンの心理学の行動主義とも合流する。そして分析哲学による、精神的実体という概念の否定。こうした三つの理論の根基に付け加えられるのが、神経学、脳科学、サイバネティックスのさまざまなモデルによってもたらされる科学・技術上の寄与であった。それは以後、心と脳の問題、社会生物学など、具体的な科学と技術の成果を組み込みながら、ある種の唯物論的な流れを示していく。

今日なお、脳科学の進展は意識や精神の領域の解明を目指している。他方、人工知能の技術はコンピュータ技術の巨大な発展によりさまざまな領域にまで浸透している。生物学におけるDNAも、物質レベルで情報が担われているというゲノムの姿があり、エントロピーというコンセプトで結ばれるにしても情報のやりとりを考えれば物質と情報の境い目がある。物理的な世界観や宇宙像も、科学との関連でさまざまな具体的な解明が端緒についている。唯物論のテーマは微視的にも巨視的にも、豊かな課題をかかえて構築されていくだろう。そして、その進み行きはきわめてアクチュアルなものであるはずだ。なぜなら、現代科学が物質について私たちにもたらしつつあるこのような知見のために、もはや哲学なしに物質について考察できるかに思われるなかで、それでもなお唯物論（哲学）の視点を持つことの今日的意義は何か、と不可避的に問われるからだ。その意味でも、本書を唯物論についての単なる概説書としてだけでなく、科学の万能という見方に対する哲学（文系学問）の立場からの批判と考察の書としても読めるであろう。

著者オリヴィエ・ブロックは一九三〇年パリに生まれた。いずれも弁護士だったユダヤ系の両親は、一九四三年末にアウシュヴィッツで亡くなっている。四四年の連合軍によるフランス上陸の半年ほど前であった。ブロック氏はその後、養父母のもとで成長し、エコール・ノルマル・シューペリウールに入学した。同級生には受験準備クラス以来の親しい友モーリス・パンゲがおり、日本への関心は主にパンゲをとおして育まれていった。詩人のミシェル・ドゥギーも同級だった。同年齢のミシェル・セールは、海軍士官学校を経たために四級下だった。

哲学の教授資格を取得して、リセ（高等学校）での教職のあと、ソルボンヌの助手、講師を経て、パリ第一二大学教授となり、一九七七年からはパリ第一大学（ソルボンヌ）の哲学史教授。一九九五年以降、同大学の名誉教授である。

専門は近世哲学。デカルト、ガッサンディ、ホッブズ、十八世紀の唯物論が研究の中心をなし、ガッサンディについての学位論文は高い評価を得た（*La philosophie de Gassendi: nominalisme, matérialisme et métaphysique*, La Haye, Nijhoff, 1971）。デカルト、ホッブズとその周辺の哲学について多くの業績があるが、スピノザについて二著を編んでいる（*Spinoza au XVIII^e^ siècle*, Paris, Klincksieck, 1990; *Spinoza au XX^e^ siècle*, Paris, PUF, 1993）。また、ソルボンヌで「自然」と「翻訳」のテーマで国際シンポジウムを主催し刊行（*Les philosophies de la nature*, Paris, Publications de la Sorbonne, 1988; *Traduire les philosophes*, Paris, Publications de la Sorbonne, 2002）。古代哲学の学識も深く、アリストテレス『エウデモス倫理学』の仏訳や、アリストテレス、エピクロスについての多くの論文がある。

一九八〇年代からは自由思想と地下文書の研究が中心となる。ヨーロッパで地下文書研究のネットワークや資料センターの設立、雑誌の刊行などにかかわる。シラノ・ド・ベルジュラックについての幾つかの論文、モリエール論（*Molière / Philosophie*, Paris, Albin Michel, 2000）がある。自身、十七世紀後半のフランス中西部ニオールの医師アブラーム・ゴーチエの地下文書を校訂し出版した（*Parité de la vie et de la mort: La Réponse du médecin Gaultier*, Oxford, Voltaire Foundation; Paris, Universitas, 1993）。

唯物論やマルクス主義についてもさまざまな論考があるが、マルクスの『聖家族』のテクストについて、当時十九世紀フランスの新批判主義の哲学者シャルル・ルヌヴィエの著作が大きく用いられていることを明らかにした仕事が有名で（« Marx, Renouvier et l'histoire du matérialisme », in *La Pensée*, n° 191, 1977）、これについては本書でも触れられている（三八頁）。

最近では、きのこの喩えを通してマルクスとモリエールのテクストを再考した論文（« 'Pas comme des champignons': Marx, Molière et le renversement matérialiste », in *La Pensée*, n° 376, 2013）や、地下文書最初期の『テオフラストス復活』についての論考を発表している（« Le *Theophrastus redivivus*: impasse ou chemin de traverse ? », in *Entre la Renaissance et les Lumières, le* Theophrastus redivivus *(1659)*, Paris, Honoré Champion, 2014）。本年は、エコール・ノルマルで五年間教えを受けその後も親しい交流をつづけたルイ・アルチュセールについての論考（*La Pensée*, n° 382, 2015）、昨年逝去した、フランスを代表するヘーゲル学者ジャック・ドントの仕事を論じたもの（*Revue de métaphysique et de morale*, n° 4, 2015）が刊行されている。さらに、モリエールと金銭、シラノの『衒学者愚弄』からモリエールの『石像の宴』へ、エピクロスと啓蒙時代のテクスト、シラノと古典主義時代のコミュニカシオン、という四つの論文がこれから刊行される。

最後になりましたが、本書の意義をご理解くださり、企画にご尽力をいただいた浦田滋子さんに、心からの御礼の気持ちを記させていただくと共に、翻訳作業の遅延を深くお詫び申し上げます。小川弓枝さんには実務を担当いただき、綿密で繊細な多くのご配慮をいただいたことを感謝します。ともあれこのような形で本書を刊行できたことを、著者ブロック氏とともに訳者二人の大きな喜びとしたいと思います。

谷川多佳子

二〇一五年十二月

訳者略歴
谷川多佳子（たにがわ・たかこ）
1948年生まれ
パリ第一大学哲学科博士課程修了（フランス政府給費留学生），哲学博士号を取得
筑波大学名誉教授
主要著訳書
*Phantasia-imaginatio*（共著，Ateneo）
『フランシス・ベイコン研究』（共著，御茶の水書房）
『デカルト研究——理性の境界と周縁』（岩波書店）
『デカルト「方法序説」を読む』（岩波書店）
『主体と空間の表象——砂漠・エクリチュール・魂』（法政大学出版局）
『貢献する心——ヒトはなぜ助け合うのか』（編著，工作舎）
ライプニッツ『人間知性新論』上・下（共訳，工作舎）
デカルト『方法序説』（岩波文庫）
デカルト『情念論』（岩波文庫）
ディディ=ユベルマン『ヒステリーの発明』上・下（共訳，みすず書房）

津崎良典（つざき・よしのり）
1977年生まれ
国際基督教大学（ICU）教養学部人文科学科卒業
パリ第一大学哲学科博士課程修了（フランス政府給費留学生），哲学博士号を取得
筑波大学准教授
主要著訳書
*Normes et marginalités à l'épreuve*（共著，Presses universitaires de Strasbourg）
*Philosophie japonaise: le néant, le monde et le corps*（共訳，Vrin）
デリダ『哲学への権利２』（共訳，みすず書房）

# 本文人名索引

## サ行



## タ行



## ナ行

## ハ行

## マ行



## ラ行



## ワ行

# 本文事項索引

## サ行

タ行

ナ行

マ行



ヤ行

## ラ行

## ワ行

# 参考文献

## 概説，年代的記述


O. Bloch, Marx, Renouvier et l'histoire du matérialisme, *La Pensée*, n° 191, février 1977.

—— éd., *Épistémologie et matérialisme*, Paris, 1986.

—— éd., *Images au XIXᵉ siècle du Matérialisme au XVIIIᵉ siècle*, Paris, 1979.

—— éd., *Le matérialisme du XVIIIᵉ siècle et la littérature clandestine*, Paris, 1982.

J.-F. Braunstein, *Broussais et le matérialisme*, Paris, 1986.

F.-A. Lange, *Histoire du matérialisme et critique de son importance à notre époque*, trad. B. Pommerol, 2 vol., Paris, 1877, 1910-1911², 1921³.

H. Ley, *Studie zur Geschichte des Materialismus im Mittelalter*, Berlin, 1957.

—— *Geschichte der Aufklärung und des Atheismus*, Berlin, 1966 et suiv.

A. Negri, *Recherches sur le matérialisme*, Paris, 1989.

Y. Quiniou, *Problèmes du matérialisme*, Paris, 1987.

P. Raymond, *Le passage au matérialisme*, Paris, 1973.

J. J. C. Smart, article « Materialism », dans *The New Encyclopaedia Britannica*, 1974, *Macropaedia*, vol. II.

A. Tosel, *Du matérialisme. De Spinoza*, Paris, 1994.

*Dix-huitième siècle*, n° 24 (« Les matérialismes au siècle des Lumières »), 1992.

*La Pensée*, n° 219 (« Matérialisme, genèse du marxisme »), mars-avril 1981.

*Raison présente*, n° 47 (« Matérialismes »), juillet-septembre 1978.

*Revue philosophique*, n° 1060, (« Le matérialisme »), janvier-mars 1981, et n° 1116 (« Matérialisme et neuro-sciences »), janvier-mars 1995.

第二部で引用した著者に関する詳細については，百科事典的な種類の著作も参照する。フランス語で執筆された著作から，とりわけエミール・ブレイエの *Histoires de la philosophie*（PUF〔フランス大学出版会〕），ならびに *Encyclopédie de la Pléiade*〔プレイヤード百科事典〕の一巻としてイヴォン・ベラヴァルが監修した *Histoires de la philosophie*（ガリマール社），そしてドニ・ユイスマンが監修した *Dictionnaire des philosophes*（PUF）を参照する。


### マルクス主義的唯物論

K. Marx et F. Engels, *Études philosophiques* (coll. « Classiques du marxisme »), Paris, Éd. Sociales, 1974.

V. I. Lénine, *Matérialisme et empiriocriticisme*, *Œuvres*, t. 14, Moscou-Paris, 1962.

E. Balibar, *La philosophie de Marx*, Paris, 1993.

L. Kolakowski, *Main currents of Marxism*, 3 vols., Oxford, 1978.

G. Labica éd., *Dictionnaire critique du marxisme*, Paris, PUF, 1982[1], 1985[2].

L. Sève, *Une introduction à la philosophie marxiste*, Paris, 1980.

### 現代唯物論のさまざまな姿

D. M. Armstrong, *A materialist theory of the mind*, Londres, 1968, 1993[2].

G. Bachelard, *Le matérialisme rationnel*, Paris, 1953.

M. Bunge, *Scientific materialism*, Dordrecht-Boston, 1981.

—— *Materialismo y ciencia*, Barcelone-Caracas-Mexico, 1981.

J.-P. Changeux, *L'homme neuronal*, Paris, 1983.

J. Delacour, *Biologie de la conscience* (coll. « Que sais-je ? »), Paris, 1994.

—— *Le cerveau et l'esprit,* (coll. « Que sais-je ? »), Paris, 1995〔ジャン・ドラクール『脳はこころである』須賀哲夫・中村祐子・中島欣哉訳，白水社，1997 年〕.

P. Engel, *Introduction à la philosophie de l'esprit*, Paris, 1994.

M. Harris, *Cultural materialism*, New York, 1979.

M. E. Levin, *Metaphysics and the mind-body problem*, Oxford, 1979.

P. K. Moser et J. D. Trout éd., *Contemporary materialism. A reader*, Londres, 1995.

M. Paty, *La matière dérobée. L'appropriation critique de l'objet de la physique contemporaine*, Paris, 1988.

D. M. Rosenthal éd., *Materialism and the mind-body problem*, Englewood Cliffs, NJ, 1971.

R. Warner et T. Szubka éd., *The mind-body problem*, Oxford, 1995.

E. O. Wilson, *Sociobiology. The new synthesis*, Cambridge (Mass.), 1975.

文庫クセジュ　Q 1003

唯物論

2015年12月10日　印刷
2015年12月30日　発行

著　者　オリヴィエ・ブロック
訳　者 Ⓒ 谷川多佳子
津崎良典
発行者　及川直志
印刷・製本　株式会社平河工業社
発行所　株式会社白水社
東京都千代田区神田小川町 3 の 24
電話 営業部 03 (3291) 7811 / 編集部 03 (3291) 7821
振替 00190-5-33228
郵便番号 101-0052
http://www.hakusuisha.co.jp

乱丁・落丁本は，送料小社負担にてお取り替えいたします．

ISBN978-4-560-51003-2

Printed in Japan

## 文庫クセジュ

### 哲学・心理学・宗教

13 実存主義
114 プロテスタントの歴史
193 哲学入門
199 秘密結社
228 言語と思考
252 神秘主義
326 プラトン
342 ギリシアの神託
355 インドの哲学
362 ヨーロッパ中世の哲学
368 原始キリスト教
374 現象学
417 デカルトと合理主義
444 旧約聖書
461 新しい児童心理学
468 構造主義
474 無神論
487 ソクラテス以前の哲学
499 カント哲学
500 マルクス以後のマルクス主義
510 ギリシアの政治思想
525 錬金術
535 占星術
542 ヘーゲル哲学
546 異端審問
558 伝説の国
576 キリスト教思想
592 秘儀伝授
594 ヨーガ
607 東方正教会
625 異端カタリ派
680 ドイツ哲学史
704 トマス哲学入門
708 死海写本
722 薔薇十字団
733 死後の世界
738 医の倫理
739 心霊主義
751 ことばの心理学
754 パスカルの哲学
763 エゾテリスム思想
764 認知神経心理学
773 エピステモロジー
778 フリーメーソン
780 超心理学
789 ロシア・ソヴィエト哲学史
793 フランス宗教史
802 ミシェル・フーコー
807 ドイツ古典哲学
835 セネカ
848 マニ教
851 芸術哲学入門
854 子どもの絵の心理学入門
862 ソフィスト列伝
866 透視術
874 コミュニケーションの美学
880 芸術療法入門
891 科学哲学
892 新約聖書入門